Auf den Spuren

GROSSER DEUTSCHER

4. Spaziergang auf dem

SCHAUSEIL & PR

Zahlreiche Ornamente zieren die kühlen blauen Wände des Junozimmers im Goethehaus am Frauenplan, Weimar. Vom Gelben Saal her kommend, fällt sofort die übergroße Büste der Juno (links im Bild) in den Blick.

Bild S. 2/3: Marktplatz mit Rathaus, St.-Andreaskirche und Martin-Luther-Denkmal in Eisleben (UNESCO-Weltkulturerbe).

Spuren zu hinterlassen ist wohl eines der größten Bestreben des Menschen. Das Leben ist kurz, der Körper zerbrechlich, selbst Ruhm oft flüchtig – irgendetwas soll einen überdauern. Die über 100 Personen, die in diesem Buch versammelt sind, haben zumindest dies erreicht: Sie haben sich mit ihrem Namen in das kollektive Gedächtnis eingeschrieben.

Eine Zusammenstellung, wie sie in diesem Buch zu finden ist, soll zum Nachdenken anregen. Sie kann es nicht jedem recht machen. Dem einen sind zu wenige Könige und Politiker dabei, der andere vermisst diesen Wissenschaftler oder jenen Komponisten. Eine derartige Auswahl wirft auch die Frage auf, wer überhaupt als Deutscher zählen kann. Ferdinand Porsche etwa, obwohl gebürtiger Böhme, wird man rein intuitiv dazu zählen; Konrad Lorenz dagegen kann man, obwohl er fast sein ganzes Forscherleben in Deutschland verbracht hat, guten Gewissens als Österreicher bezeichnen und daher außen vor lassen. In zwei Fällen wurden Deutschlands Grenzen bewusst erweitert, und zwar zeitlich: Arminius war schon deshalb kein Deutscher, weil es den Begriff seinerzeit noch lange nicht gab; und auch Karl den Großen kann man eigentlich nicht als Deutschen bezeichnen. Aber beide markieren Wendepunkte unserer Geschichte: Arminius das Ende der römischen Expansion, der Franke Karl das Römische Reich, das später mit dem Zusatz »Deutscher Nation« versehen und dessen symbolischer Gehalt, die »Reichsidee«, sich über viele Jahrhunderte als sehr wirkmächtig erweisen sollte.

Deutschland hat der Welt unschätzbare kulturelle Leistungen hinterlassen, aber auch die unvorstellbaren Gräuel des Nationalsozialismus. Was wäre etwa die Musik ohne Bach, die Philosophie ohne Kant, die Architektur ohne Gropius? Und wie wäre das 20. Jahrhundert verlaufen, wenn nicht jeder, der im ersten Drittel des Jahrhunderts etwas halbwegs Originelles zustande brachte, von den Nationalsozialisten außer Landes getrieben oder mundtot gemacht worden wäre? Auch darüber nachzudenken, ist dieses Buch eine Einladung.

Hier ruht das Wissen der Menschheit: Die Herzog-August-Bibliothek Wolfenbüttel zählt über eine Million Medien, darunter 12 000 Handschriften. Die Forschungsbibliothek des Mittelalters und der Frühen Neuzeit beherbergt auch ein Museum.

Bild unten: in der Augusteerhalle der Bibliotheca Augusta. Hier wird dem Betrachter das Ausmaß der herzoglichen Sammlungen bewusst.

Adenauer, Konrad 8
Albertus Magnus 10
Arendt, Hannah 12
Arnim, Bettina von 14
Asam, Cosmas Damian und Egid Quirin 16
August der Starke 20
Bach, Johann Sebastian 22
Barlach, Ernst 24
Baselitz, Georg 26
Beckmann, Max 28
Beethoven, Ludwig van 30
Behaim, Martin 32
Behnisch, Günter 34
Benedikt XVI. 36
Benz, Carl 38
Beuys, Joseph 40
Bismarck, Otto von 42
Bodelschwingh, Friedrich von 44
Böll, Heinrich 46
Bonhoeffer, Dietrich 48
Brahms, Johannes 50
Brandt, Willy 52
Braun, Wernher von 54
Brecht, Bertolt 56
Cranach, Lukas der Ältere 58
Daimler, Gottlieb 60
Dietrich, Marlene 62
Dix, Otto 64
Droste-Hülshoff, Annette von 66
Duden, Konrad 68
Dürer, Albrecht 70
Einstein, Albert 72
Erhard, Ludwig 74
Fassbinder, Rainer Werner 76
Fontane, Theodor 78
Frank, Anne 80
Friedrich I. Barbarossa 82
Friedrich II., der Große 84
Friedrich, Caspar David 86
Fugger, Jakob 88
Gauß, Karl Friedrich 90
Goethe, Johann Wolfgang von 92
Grass, Günter 96
Grimm, Jacob und Wilhelm 98
Gropius, Walter 100
Grünewald, Matthias 102
Gutenberg, Johannes 104
Hahnemann, Samuel 106
Händel, Georg Friedrich 108
Hegel, Georg Wilhelm Friedrich 110
Heine, Heinrich 112
Heisenberg, Werner 114
Herder, Johann Gottfried 116
Hermann der Cherusker 118
Hesse, Hermann 120
Hildegard von Bingen 122
Humboldt, Alexander und Wilhelm von 124
Kant, Immanuel 126
Karl der Große 128
Kepler, Johannes 130
Kiefer, Anselm 132
Kirchner, Ernst Ludwig und die »Brücke« 134
Klee, Paul 136
Klenze, Leopold von 138
Kneipp, Sebastian 142
Koch, Robert 144
Kollwitz, Käthe 146

Kopernikus, Nikolaus 148
Krupp, Alfred 150
Lasker-Schüler, Else 152
Leibniz, Gottfried Wilhelm 154
Leopold III., Fürst von Anhalt-Dessau 156
Lessing, Gotthold Ephraim 158
Lilienthal, Otto 160
Ludwig II. 162
Luther, Martin 164
Luxemburg, Rosa 166
Mann, Thomas 168
Marc, Franz 170
Marx, Karl 172
Mendelssohn-Bartholdy, Felix 174
Merian, Maria Sibylla 176
Mies van der Rohe, Ludwig 178
Modersohn-Becker, Paula 180
Münter, Gabriele und »Der Blaue Reiter« 182
Neumann, Balthasar 184
Nietzsche, Friedrich 186
Nolde, Emil 188
Ossietzky, Carl von 190
Otto I., der Große 192
Paracelsus 194
Planck, Max 196
Porsche, Ferdinand 198
Raiffeisen, Friedrich Wilhelm 200
Rilke, Rainer Maria 202
Röntgen, Wilhelm Conrad 204
Schiller, Friedrich von 206
Schindler, Oskar 208
Schinkel, Karl Friedrich 210
Schmeling, Max 212
Scholl, Sophie 214
Schumacher, Kurt 216
Schumann, Clara 218
Schweitzer, Albert 220
Siemens, Werner von 222
Strauss, Richard 224
Stresemann, Gustav 226
Tucholsky, Kurt 228
Wagner, Richard 230
Walther von der Vogelweide 232
Wilhelmine von Bayreuth 234
Wolfram von Eschenbach 236
Zeiss, Carl 238
Zeppelin, Ferdinand Graf von 240
Zimmermann, Dominikus und Johann Baptist 242
Zuse, Konrad 244

Register 246
Bildnachweis/Impressum 248

Großes Bild: Im Jahr 1961 sollten weitreichende Entscheidungen für Deutschland getroffen werden: der Bau der Mauer in Berlin zum Beispiel. Adenauer (am Rednerpult) sprach sich für das Beibehalten des Status quo aus.

Rechte Bildleiste, von oben: John F. Kennedy, Willy Brandt und Konrad Adenauer (von links nach rechts); das Konrad-Adenauer-Denkmal in Köln;

das Schlafzimmer des ersten deutschen Bundeskanzlers im heutigen Stiftung Bundeskanzler-Adenauer-Haus in Bad Honnef.

Konrad Adenauer (1876–1967) führte die Bundesrepublik Deutschland als erster Bundeskanzler der Nachkriegszeit zurück in die Völkergemeinschaft und integrierte das Land in die westlichen Bündnisse. Er steht für die Politik des sogenannten »rheinischen Kapitalismus« sowie für die »alte« Bundesrepublik mit dem historisch unbelasteten Machtzentrum Bonn.

Als Mitglied der Zentrumspartei war Konrad Adenauer 16 Jahre lang (1917 bis 1933 sowie kurzzeitig 1945) Oberbürgermeister von Köln. 1949 wurde er als erster Kanzler der Bundesrepublik gewählt und blieb es bis 1963. Von 1951 bis 1955 war er zugleich Außenminister, von 1950 bis 1966 CDU-Vorsitzender. Seine tiefe Verankerung im rheinischen Katholizismus und in den Werten des konservativen Bürgertums einerseits sowie seine Gegnerschaft zu den Nationalsozialisten andererseits machten ihn nach dem Zweiten Weltkrieg zur idealen Integrationsfigur, die auch im Ausland als Vertreter des neuen, demokratischen Deutschlands respektiert wurde. Konrad Adenauer setzte frühzeitig auf eine klare Westorientierung der Bundesrepublik sowie auf eine rasche Wiedererlangung der vollen staatlichen Souveränität einschließlich der – innenpolitisch heftig umstrittenen – Wiederbewaffnung. Die Kombination aus Intelligenz, Machtinstinkt, festen politisch-moralischen Überzeugungen und taktischer Cleverness machte ihn zum Idealtypus des Nachkriegspolitikers. Durch sein Verhandlungsgeschick gelang es ihm auf einer Moskaureise 1955, die Aufnahme diplomatischer Beziehungen zur Sowjetunion mit der Freilassung der letzten deutschen Kriegsgefangenen zu verknüpfen – eine Leistung, die ihm in der Bevölkerung mehr als alles andere gedankt wurde.

Wie reich illustriert das »Liber de natura rerum« (13. Jh.) ist, zeigt diese Manuskriptseite aus der Abtei Saint-Amand (großes Bild). Eigentlich stammt das anonym veröffentlichte und Albertus zugeschriebene Werk von Thomas de Cantiprato.

Albertus Magnus (rechts: Skulptur an der Kölner Universität) glaubte an die Vereinbarkeit von Wissenschaft und Religion. Aristoteles' Logik war den

damaligen Gelehrten u.a. durch Übersetzungen zugänglich. Albertus wandte als Erster die aristotelische Philosophie auf den christlichen Glauben an.

Durch ganz Deutschland und weite Teile Europas reiste der mittelalterliche Dominikanermönch und Universitätslehrer Albertus Magnus (um 1200–1280). 1931 wurde er heiliggesprochen, zehn Jahre später erklärte Papst Pius XII. den Gelehrten zum Schutzpatron der Naturwissenschaftler.

Albertus Magnus war in seinem für die damaligen Verhältnisse sagenhaft langen Leben fast unaufhörlich unterwegs. In einer Zeit, in der das Reisen mühsam, langsam und auch gefährlich war, bewegte er sich kreuz und quer durch Deutschland und Europa. Geboren wurde Albertus Magnus in Lauingen an der Donau. In Padua absolvierte er ein Studium der Theologie und trat dem Dominikanerorden bei. Zum Abschluss seines Studiums ging er nach Paris, wo er als Lehrer tätig war. In Freiburg, Straßburg und Hildesheim machte Magnus sich um den Aufbau von Priesterseminaren verdient, bevor er Universitätslehrer in Köln wurde, wo unter anderem der später heiliggesprochene Thomas von Aquin sein Schüler war. 1254 wählte man Albertus Magnus zum Provinzial des Dominikanerordens für die deutschsprachige Provinz. Nun musste er erst recht viel reisen, um in allen Klöstern nach dem Rechten zu sehen. 1260 wurde er auf Wunsch des Papstes zum Bischof von Regensburg, doch bat er schon nach wenigen Jahren darum, von seinem Amt entbunden zu werden, um in Böhmen und Deutschland Teilnehmer für den siebten Kreuzzug zu werben. 1269 ließ Magnus sich endgültig in Köln nieder. Er verfügte fast über das gesamte Wissen seiner Zeit, nicht nur in der Theologie, sondern auf beinahe allen Gebieten der damals noch nicht so genannten Naturwissenschaften. Seine Gebeine ruhen in der Kirche St. Andreas in Köln.

Margarethe von Trotta präsentierte ihren Film »Hannah Arendt – Ihr Denken veränderte die Welt« im Jahr 2013 auf der Frankfurter Buchmesse. Die Hauptrolle spielte Barbara Sukowa, die dafür den Bayerischen Filmpreises 2012 erhielt.

Hannah Arendt lehrte zwischen 1967 und 1975 an der Graduate Faculty der New School for Social Research (5th Avenue/14th Street) in

New York (kleines Bild links). Ganz unten und rechts: zwei Porträts der politischen Theoretikerin aus dem Jahr 1949.

Hannah Arendt (1906–1975) verkörpert wie keine andere die deutsch-jüdische Intellektuelle des 20. Jahrhunderts: scharfsinnige politische Denkerin, Philosophin, Schriftstellerin und Journalistin, dazu eine Frau, die trotz aller Katastrophen ihres Jahrhunderts das Leben liebte und der die Menschen wichtiger waren als alles andere.

Ihr großes Thema war der Totalitarismus, den sie sowohl auf populär-gesellschaftlicher Ebene als auch wissenschaftlich-philosophisch behandelte. Hannah Arendt stammte aus einer assimilierten, sozialdemokratisch orientierten jüdischen Familie; geboren am 14. Oktober 1906 in Hannover-Linden, wuchs Hannah Arendt in Königsberg und in Berlin auf. Ab 1924 studierte sie Philosophie und Theologie in Marburg, Freiburg und Heidelberg, unter anderem bei Edmund Husserl, Karl Jaspers und Martin Heidegger; mit ihm pflegte sie eine kurze Liebesaffäre und anschließende Freundschaft, die sie 1933 abbrach, als Heidegger der NSDAP beitrat. Ab 1929 lebte sie wieder in Berlin und sah bald ihre frühe Ahnung bestätigt, dass die Assimilation der Juden in der deutschen Gesellschaft nicht funktionieren könne. »Wenn man als Jude angegriffen wird, muss man sich als Jude verteidigen«, war ihr Credo. 1933 emigrierte sie nach Frankreich und 1941 nach New York, wo sie zunächst als Lektorin und Journalistin tätig war. Von 1948 bis 1952 war sie Direktorin der Jewish Cultural Reconstruction Organization zur Rettung jüdischen Kulturgutes und reiste in dieser Position erstmals wieder nach Deutschland. 1951 erhielt sie die amerikanische Staatsbürgerschaft. Von 1963 bis 1967 war Hannah Arendt Professorin in Chicago, anschließend, bis zu ihrem Tod 1975, an der New School for Social Research in New York.

Die Grabstätte Bettina von Arnims auf dem kleinen Schlossfriedhof der Familie von Arnim im Park von Schloss Wiepersdorf in Brandenburg (kleines Bild unten). Bettina und ihr Ehemann Achim von Arnim lebten hier ab 1814.

Das Künstlerhaus Schloss Wiepersdorf (großes Bild) ist der ehemalige Wohnsitz des Dichterpaars der Romantik. Das während der Renaissance erbaute

Schloss wurde 1731–1738 durch den preußischen General von Einsiedeln umgestaltet. Ein kleines Museum gedenkt dem Künstler-Ehepaar.

Bettina von Arnim (1785–1859) repräsentiert wie wohl keine andere Frau die deutsche Romantik: hochbegabt, verträumt und selbstbewusst zugleich, politisch engagiert, getrieben von einem Freiheitsdrang, den man als Frau in damaligen Zeiten eigentlich nicht haben durfte.

Die siebenfache Mutter engagierte sich als Herausgeberin sowohl der Werke ihres verstorbenen Mannes, des Dichters Achim von Arnim, als auch ihrer eigenen, in denen sie ohne Rücksicht auf ihren Ruf frühe autobiografische Erfahrungen verarbeitete. Bettina von Arnim wurde am 4. April 1785 in Frankfurt am Main als Bettina Brentano geboren und bis zu ihrem 13. Lebensjahr gemeinsam mit ihren Schwestern in einem Ursulinenkloster erzogen. Danach wuchs sie, weil die Eltern bald starben, bei ihrer Großmutter Sophie La Roche auf, einer selbstbewussten und unabhängig lebenden Frau. Von Anfang an zeigte Bettine, wie sie selbst sich nannte, ein stolzes, unabhängiges Wesen, scherte sich nicht um Konventionen und lebte ihre romantische Ader aus. Zeitlebens unterhielt sie eine enge Beziehung zu ihrem Bruder Clemens Brentano, der selbst als Dichter berühmt wurde und in dessen Bekanntschaft sie ihren späteren Mann Achim von Arnim kennenlernte. Durch ihr Umfeld, aber auch durch ihre eigene Initiative kam sie mit zahlreichen bedeutenden Persönlichkeiten in Kontakt. So pflegte sie etwa eine enge Verbindung zu Goethes Mutter und lernte dadurch den bewunderten Dichter selbst kennen. Ihren Briefwechsel mit Goethe verarbeitete sie viel später wiederum mit großer dichterischer Freiheit in einem Brieforoman. In ihren letzten Jahren in Berlin legte sie sich durch ihren Kampf gegen Unterdrückung aller Art sogar mit dem preußischen König an.

Cosmas Damian Asam gelang es mit dem Deckenfresko der Klosterkirche Weltenburg, eine Art Sog gen Himmel zu simulieren, der durch Licht und Schatten sowie die Tiefenwirkung der Rundungen nach innen erzeugt wird.

Die Mitte der Kuppel bildet der Heilige Geist, am Rand sind Gott und Gottessohn, wie sie Maria krönen, abgebildet, des weiteren einige Heilige, der

Brüder Asam

Abt Maurus Bächl, der Stuckateur Egid Quirin Asam und die beiden Regensburger Bischöfe Wolfgang und Emmeram.

Die bayerischen Brüder Asam (Cosmas Damian, 1686–1739, und Egid Quirin, (1692 bis 1750) waren Baumeister, Bildhauer, Stukkateure und Maler. Sie gelten heute als Inbegriff des süddeutschen Spätbarocks am Übergang zum Rokoko.

Schon der Vater der Brüder war Freskomaler und Stukkateur gewesen und arbeitete zur Zeit der Geburt des älteren Cosmas Damian als Klostermaler in Benediktbeuern. Die Brüder gingen bei ihm in die Lehre und erhielten nach seinem Tod 1711 entscheidende Impulse in Rom (Cosmas) sowie beim Münchner Hofbildhauer Faistenberger (Egid). Ab etwa 1714 arbeiteten sie an zahlreichen größeren Projekten, vor allem im süddeutschen Raum, aber auch in Böhmen, dem Rheinland oder in Tirol. Sie ergänzten sich kongenial: Beide waren vielseitig begabt und verstanden alle Facetten ihrer Künste von der Architektur bis zur reinen Malerei. Dabei konzentrierte sich Cosmas mehr auf die Freskomalerei und Egid überwiegend auf die Bildhauerei und Stukkatur, wenn sie Aufträge gemeinsam ausführten. Die Brüder entwickelten einen Stil, der durch illusionistische Raumwirkung, geschickte Lichtführung, dramatische Kontraste und üppige Farbigkeit den lustvollen Überschwang des Barocks mit einer theatralischen Religiosität zu einem Gesamtkunstwerk verband. Der Durchbruch mit diesem Konzept gelang ihnen mit der Klosterkirche Weltenburg, die sie von 1716 bis 1739 in ihrem Sinn gestalteten. Den Höhepunkt erreichte ihre Kunst in der Kirche St. Johann Nepomuk, der sogenannten Asamkirche, in München. Der winzige Kirchenraum erzeugt mit architektonischer Raffinesse und optischen Täuschungen einen von unten nach oben leitenden Sog, der den Weg von der Erde in den Himmel symbolisiert.

Der elliptisch aufgebaute Hauptraum der Benediktinerabtei Weltenburg (im Bild unten) ist 19,50 Meter lang und 14,50 Meter bereit. Teile des Stucks sind in Gold ausgekleidet, die Wände zieren wertvolle bunte Fresken.

Mit dem Bau und der Ausgestaltung der Weltenburger Klosterkirche (1716 bis 1739) legten die Brüder den Grundstein für ihren Ruhm. Ganz im

Sinne des Spätbarocks gelang es ihnen, Malerei, Plastik, Lichtführung, Raumgestaltung und Architektur zu einem Gesamtkunstwerk zu verbinden.

Am Hof Dresdens blühten unter Kurfürst Friedrich August I. Kultur und Architektur: Zahlreiche Bauten des Hoch- und Spätbarock (Zwinger, Katholische Hofkirche, Frauenkirche, Japanisches Palais, Schloss Pillnitz u. a.) entstanden.

Der über 100 Meter lange Fürstenzug in der Dresdner Augustusstraße ist das größte Porzellanwandbild der Welt. Mehr als 23 000 Fliesen zeigen 94

Figuren, davon 34 Grafen, Herzöge, Kurfürsten und Könige sowie 59 Wissenschaftler, Künstler, Handwerker, Soldaten und Bauern.

August der Starke (1670–1733) war Kurfürst von Sachsen und König von Polen-Litauen. Für uns ist er heute aber vor allem der Mann, der Dresden zu einer der Hauptstädte des deutschen Barocks machte.

August der Starke war eine schillernde Figur, von eindrucksvoller Gestalt (man erzählte sich, dass er mit bloßen Händen ein Hufeisen zerbrechen könne), kunstsinnig, lebenslustig und stets mit zahlreichen Mätressen versehen; außerdem politisch ehrgeizig, wenn auch mit wechselhafter Fortüne. 1694 wurde er nach dem plötzlichen Tod seines älteren Bruders völlig überraschend Kurfürst von Sachsen, 1697 durch geschickte Machtspiele und massive Bestechung zudem (als August II.) Wahlkönig von Polen – ein Amt, das er 1704 im Nordischen Krieg verlor, 1709 aber wiedergewann. Als Regierungsstil pflegte August eine Art »Absolutismus light«, wie man heute sagen würde. Er zeigte sich zwar inspiriert vom berühmten französischen Sonnenkönig Ludwig XIV., doch sein Hofstaat blieb bei aller Pracht eine Nummer kleiner und seine Politik eine Spur weniger totalitär. Ein »Geheimes Kabinett« bildete die zentrale Machtbasis. Besonders in Polen gestaltete sich das Regieren aber schwierig und erforderte fast permanente Militäreinsätze: August hatte im Nachbarland keinen rechten Halt in der Bevölkerung und in Adelskreisen. Seine Regierung beruhte auf schwierigen verfassungsrechtlichen Grundlagen, er erzielte in Polen daher wenig Einkünfte und wurde vom nationalen Kleinadel mehr oder weniger als Besatzer empfunden. Umso mehr konzentrierte er sich darauf, Dresden als prunkvolle barocke Metropole auszubauen. Die dortigen Bauten und Kunstschätze sind zweifellos sein größtes Vermächtnis. Augusts Grab befindet sich in der Katholischen Hofkirche in Dresden.

In Eisenach befindet sich das weltweit größte Bach-Museum. Den Klang der Musikvorführungen auf historischen Instrumenten im Ohr, wandelt der Besucher durch historische Wohnräume, darunter das Komponierzimmer (großes Bild unten).

Rechte Bildleiste, von oben: Grabstätte Johann Sebastian Bachs in der Thomaskirche; Collage »Homage to J. S. Bach« (2003) von Gerry Charm;

Denkmal vor der Thomaskirche. Zwischen 1723 und 1750 war Bach Thomaskantor, der Chor ist einer der ältesten Knabenchöre Deutschlands.

Musiker auf der ganzen Welt sind sich fast immer einig: Wenn man einen einzelnen Komponisten nennen müsste, der mehr als alle anderen die Musik seiner Zeit befruchtet, ihre Grenzen ausgelotet und die nach ihm Kommenden beeinflusst hat, dann war es Johann Sebastian Bach (1685–1750).

Im Kontrast zu seiner universellen Wirkung steht die Tatsache, dass sich fast sein gesamtes Leben in einem überschaubaren Radius in Thüringen, Sachsen und Anhalt abgespielt hat. Noch mehr mag vielleicht überraschen, dass Bach zu Lebzeiten vor allem als Organist und Cembalovirtuose berühmt war, als Komponist aber im Schatten seiner Zeitgenossen Georg Friedrich Händel und Georg Philipp Telemann stand. Geboren und aufgewachsen in Eisenach, kam Johann Sebastian Bach durch einen Verwandten, der Organist war, schon früh mit Kirchen- und Orgelmusik in Kontakt. Als er neun Jahre alt war, starben innerhalb eines Dreivierteljahres seine Mutter und sein Vater, und er zog zu seinem älteren Bruder Johann Christoph, von dem er das Orgelspiel und das Komponieren lernte. Außerdem arbeitete er bereits als Chorsänger. Nach Stationen als Organist in Arnstadt und Mühlhausen wurde er erst Hoforganist und dann Konzertmeister in Weimar, schließlich Hofkapellmeister bei Fürst Leopold von Anhalt-Köthen. Im Jahr 1723 schließlich gelang es ihm, nach zwei Anläufen und der Absage zweier vor ihm platzierter Bewerber, die gut dotierte Stelle des Thomaskantors in Leipzig zu erlangen. Dennoch geriet er immer wieder in Streit mit seinen Vorgesetzten. Bachs Wunsch, eine ihm adäquate Stelle an einem großen Fürstenhof einzunehmen, ging nicht mehr in Erfüllung. Er starb im Jahr 1750 in Leipzig. Von seinen 20 Kindern wurden vier Söhne ebenfalls berühmte Komponisten.

Die Skulpturen von Ernst Barlach überzeugen durch ihre einfache und kraftvolle Form, die auf eine eindrucksvolle Weise Individuelles und allgemein Menschliches miteinander verbindet (alle Abbildungen).

Großes Bild: der »Schwebende« im Güstrower Dom. Rechte Bildleiste, von oben: Nachbildung einer Pietà im Johanniskloster Stralsund; Frauenakte

vor dem Ernst-Barlach-Theater in Güstrow; Holzschnitt »Schreibender Prophet (Johannes auf Patmos)« aus dem Jahr 1919.

Viele Bezeichnungen treffen auf Ernst Barlach (1870–1938) zu – Expressionist, Realist, Mystiker, Bildhauer, Keramiker, Schriftsteller – und doch fasst ihn keine ganz. Dieser große deutsche Künstler ist so einfach und zugleich so komplex wie seine Werke selbst.

Geboren in Wedel bei Hamburg, zeigte sich Barlachs Begabung schon früh. Er studierte an der Kunstgewerbeschule in Hamburg, an der Akademie der Bildenden Künste in Dresden und in Paris. Ab 1897 folgten einige Jahre des Hin und Her zwischen Hamburg und Berlin, in denen er zwar erste Erfolge feierte, aber dennoch nicht recht Fuß fassen konnte. In einer krisenhaften Zuspitzung dieser Situation unternahm Ernst Barlach im Jahr 1906 eine Russlandreise zu seinem Bruder Hans, der dort als Ingenieur arbeitete. Die Reise veränderte ihn zutiefst. Von den in Russland gesammelten Skizzen und Eindrücken sollte er in seinem ganzen späteren Leben noch zehren. Nach dem Krieg verbreitete sich Barlachs Ruf zunehmend. Besonders für öffentliche Ehrenmäler und Gedenkstätten erhielt er zahlreiche Aufträge, aus denen Werke wie die »Schmerzensmutter« in Kiel oder der »Schwebende« in Güstrow hervorgingen. Doch schon bald – noch vor 1933 – hatte er unter zunehmenden Anfeindungen nationalistischer Kreise zu leiden, die seinen schlichten, mythisch-religiösen Stil und seine existenzialistischen Sujets als Provokation auffassten. So wurde Barlach nach der Machtergreifung der Nationalsozialisten massiv verfemt. 1934 entfernten sie das Magdeburger Ehrenmal, 1937 jenes in Güstrow, 1938 eines in Hamburg. Bei der Aktion »Entartete Kunst« wurden seine Werke beschlagnahmt. Am 24. Oktober 1938 starb Ernst Barlach an einem Herzinfarkt. Viele seiner Werke stellt heute die Ernst-Barlach-Stiftung in Güstrow aus.

Georg Baselitz in der Thaddaeus Ropac Galerie, Paris, mit zwei Skulpturen aus »Volk Ding Zero – Folk Thing Zero, 2009« (großes Bild). Die riesigen, grob geschnitzten Holzfiguren sitzen in nachdenklicher Pose da.

Kleine Bilder unten, von links: auf der Frieze Art Fair in London im Oktober 2012; eine Betrachterin vor dem auf dem Kopf stehenden »Nachtessen in

Dresden« (1983) im Kunsthaus Zürich; der Künstler im Sommer 2016 bei der Ausstellung »Helden« im Städel Museum Frankfurt.

Deutschbaselitz – so hieß das Dorf in der Oberlausitz, in dem am 23. Januar 1938 ein Junge namens Hans-Georg Kern geboren wurde. Mit 23 Jahren gab er sich in Anlehnung an seinen Geburtsort den Namen, mit dem er als Maler weltberühmt werden sollte: Georg Baselitz.

Seine Individualität, das Aufbegehren gegen bewährte Regeln, mit dem er später immer wieder Anstoß erregte, zeigte sich schon an der Ostberliner Hochschule für Bildende Künste, an der er ab 1956 studierte: Bereits nach einem Jahr wurde er von dem Institut verwiesen. Er wechselte nach Westberlin, beschäftigte sich mit der Avantgarde und begann, den groben und kraftvollen Malstil zu entwickeln, der sein Werk prägt. Doch auch im Westen eckte Baselitz an: Bei seiner ersten großen Ausstellung im Jahr 1963 wurden zwei Bilder, »Der nackte Mann« und »Große Nacht im Eimer«, als besonders obszön eingestuft und beschlagnahmt. Immer intensiver experimentierte er mit der Auflösung der formalen Regeln. Er malte nun grafischer und großflächiger, seine sogenannten »Frakturbilder« entstanden. Diese Herangehensweise führte ihn 1969 zur »Motivumkehr«, der Entscheidung, Bilder auf den Kopf gestellt zu malen. Die Irritation des »normalen« Sehens sollte die reine Malerei betonen, die Auseinandersetzung mit Farbe und Fläche. Im Jahr 1970 zeigte er in einer Ausstellung in Köln zum ersten Mal nur Bilder mit Motivumkehr. Sie machten ihn international berühmt. 1995 erfolgte der Ritterschlag zum weltweit anerkannten Künstler, als ihn das Guggenheim Museum in New York mit einer großen Werkschau ehrte. Berühmt wurde sein Bild »Adler Partitur 3«, weil es Kanzler Gerhard Schröder während seiner Amtszeit in seinem Büro aufhängen ließ.

Beckmanns »Frau mit Mandoline in Gelb und Rot« (1950), vermutlich als Allegorie auf »Leda und der Schwan« aufzufassen, ist in der Münchner Pinakothek der Moderne zu sehen (großes Bild unten).

Sinnlichkeit, intensive und kontrastreiche Farbigkeit sowie formale Klarheit charakterisieren viele von Max Beckmanns Werken. Bildleiste rechts:

»Selbstbildnis mit weißer Mütze«, 1925 (oben) und »Selbstbildnis mit Sektglas«, 1919 (unten). Rechte Seite: »Selbstbildnis mit Zigarette«, 1923.

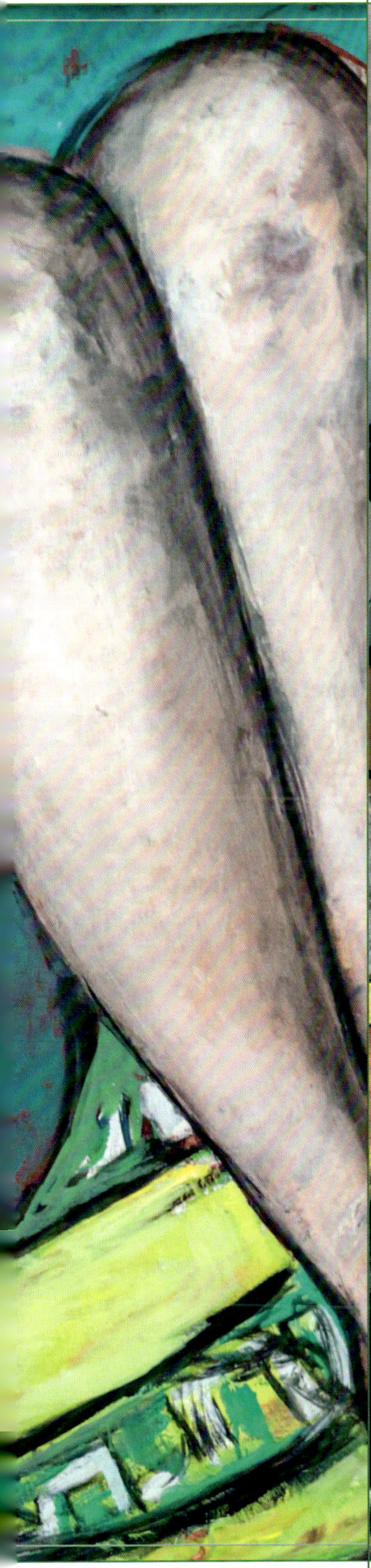

Max Beckmann (1884–1950) zählte zu den wichtigsten Vertretern des Expressionismus in Deutschland. Seine Bilder mit oft schwarz gerahmten Motivkonturen sind von eigenwilliger Dramatik; ihre zeitkritisch-ironischen Inhalte wurden immer verrätselter und komplexer.

Bereits während der Schulzeit in Braunschweig und Leipzig interessierte sich Max Beckmann mehr für Kunstgeschichte als für anderen Lehrstoff. Als Dreizehnjähriger malte er sein erstes Selbstporträt, mit 16 begann er sein Studium an der Großherzoglichen Kunstschule in Weimar.

1906 erhielt er, schon Mitglied der Berliner »Secession«, den Villa-Romana-Preis für »Junge Männer am Meer«, einen Akt in Landschaft. Im selben Jahr ehelichte er die Malerin Minna Tube. Im Ersten Weltkrieg wurde der Künstler, der sich freiwillig gemeldet hatte, als Sanitäter eingesetzt. Er erleidet einen Nervenzusammenbruch, wird entlassen und findet Aufnahme in Frankfurt, wo er beginnt, sich das Erlebte von der Seele zu malen: mit Splitterformen und harten Kanten wie in »Die Nacht«. Allmählich veränderten sich jedoch Inhalt und Form der Beckmannschen Kunst: Die Farben wurden leuchtender, es tauchten Motive aus dem Zirkus, aus Varietés, Bars und Kabaretts auf. Auch die Mainmetropole selbst, in der Beckmann bis zur Machtübernahme der Nazis am Städelschen Kunstinstitut lehrte, wurde Bildgegenstand (»Eiserner Steg«, »Die Synagoge«, »Eisgang«). Im Jahr 1933 ging Beckmann nach Berlin, dann nach Amsterdam und in den Untergrund. Erst 1947 erhielt er ein Visum für die USA, wo er, hochdekoriert und nach vielen Reisen, schließlich mitten in Manhattan an einem Herzinfarkt stirbt. Neben seinen politisch visionären Monumentalwerken schuf Max Beckmann auch eine Fülle grafischer Arbeiten. Erhalten sind zudem frühe Porträts und Landschaften.

Ein wahrer Superstar (kleines Bild rechte Seite) ist Beethoven noch heute. Kleines Bild unten: Beethoven-Denkmal auf dem Münsterplatz in Bonn. Bild rechts: Porträt aus einer Serie des schlesischen Künstlers Werner Opitz.

Im Wiener Griechenbeisl (großes Bild unten: eine Gasse in der Nähe) kehrte der Komponist gern ein. Ende des 18. Jahrhundert ließ er sich endgültig

in der österreichischen Metropole nieder. Dort erlebte er auch die produktivste Phase seines Schaffens; er gilt als Vollender der Wiener Klassik.

Ludwig van Beethoven (1770–1827) gilt vielen neben Johann Sebastian Bach als größter deutscher Komponist. Er lebte in einer turbulenten Zeit heftiger politischer und sozialer Veränderungen, die von der Französischen Revolution zur Restauration bis zu einer Ahnung der Moderne reichte – all das findet sich auch in seiner Musik.

Beethoven vollendete die Musik der Klassik und stieß das Tor zur Romantik auf. Sein Leben ist in erster Linie mit zwei Städten verknüpft: Bonn, wo er aufwuchs und eine erste Stellung als Hoforganist innehatte, und Wien, wo er berühmt wurde und den größten Teil seines Lebens verbrachte. Ludwig van Beethoven stammte aus einer Musikerfamilie: Schon der Großvater war Hofkapellmeister gewesen, der Vater Tenor. Letzterer war es auch, der ihn von klein an zum Üben zwang und sogar vorzeitig aus der Schule nahm, damit sich der talentierte Jüngling ganz auf die Musik konzentrieren konnte. Seine Begabung wurde bald von mehreren Förderern erkannt und ausgebildet. Bereits mit 14 Jahren erhielt Beethoven eine feste Anstellung als Hoforganist. Der wesentliche Teil seines Lebens aber spielte sich in Wien ab, wohin er 1793, zunächst nur für eine Studienreise, umsiedelte. Als Pianist und Komponist, der Werke von bis dahin unerreichter Dramatik, Tiefe und Kühnheit schuf, feierte er glänzende Erfolge. Später musste Beethoven sich wegen zunehmender Taubheit, die wohl die Folge einer nicht behandelten Mittelohrentzündung in der Kindheit war, auf das Komponieren beschränken. Vor allem seine Symphonien und Kammermusikwerke galten in der Folgezeit als so perfekt, dass später Meister wie Johannes Brahms lange Zeit brauchten, um aus dem Schatten ihres großen Vorgängers herauszutreten.

Wie sich Martin Behaim im Jahr 1492 die Welt vorstellte, zeigt diese geografische Karte (großes Bild). Neben einer ausführlichen Legende sind beide Welthalbkugeln abgebildet. Bald darauf sollte der uns heute geläufige Globus entstehen.

1491–1493 verweilte Martin Behaim in Nürnberg und schuf dort gemeinsam mit dem Maler Georg Albrecht Glockenthon anhand einer Weltkarte den berühmten Globus, den man heute im Germanischen Nationalmuseum in Nürnberg besichtigen kann (kleines Bild links unten).

Er ist das Prunkstück des Germanischen Nationalmuseums in Nürnberg: Der Globus von Martin Behaim (1459–1507), »Martin Behaims Erdapfel« genannt, ist die älteste existierende Darstellung der Welt in Kugelgestalt. Martin Behaim war ein umtriebiger Unternehmer, der in der damaligen Zeit die Chancen zu nutzen versuchte, die sich aus den Entdeckungen der neuen Länder und Handelsrouten ergaben.

Geboren am 6. Oktober 1459 in Nürnberg, stammte Martin Behaim aus einer reichen Nürnberger Patrizierfamilie und wurde in den Niederlanden als Kaufmann und Tuchhändler ausgebildet. Über sein Leben gibt es lediglich recht lückenhafte und widersprüchliche Angaben. Er scheint eine schillernde Figur gewesen zu sein; viele der überlieferten Dokumente sind Schuldscheine oder Strafbefehle, beziehen sich auf Finanz- oder Erbstreitigkeiten. Gesichert ist, dass Martin Behaim in den Jahren zwischen 1485 und 1489 mit viel Erfolg in Portugal tätig war: Er heiratete eine portugiesische Adlige, unternahm mindestens eine Reise an die westafrikanische Küste und wurde vom portugiesischen König zum Ritter geschlagen. Lange Zeit galt er auch als Nautiker und Kartograf; die Forschung ist sich heute aber sicher, dass dies wohl zum größten Teil Legendenbildung ist. Auf jeden Fall war er auf der Höhe der Zeit, was die wissenschaftlichen Erkenntnisse angeht, und wusste den guten Ruf der Instrumente aus Nürnberg geschickt zu nutzen. Bereits um 1475 wurde ein Globus angefertigt. Dennoch war »Behaims Erdapfel« ein Fortschritt in der Kartografie, da man nun den kompletten Erdball vor Augen hatte – vor der Entdeckung Amerikas durch Kolumbus. In seinen späteren Jahren muss er beim portugiesischen Hof in Ungnade gefallen sein; 1507 starb er verarmt in Lissabon.

Mit seiner beschwingten, einzigartigen Architektur ist das Münchner Olympiastadion von Günter Behnisch eines der schönsten Bauwerke Deutschlands (großes Bild). Hier finden regelmäßig Sport- und Kulturveranstaltungen statt.

Als wichtigster Vertreter der modernen Architektur in Deutschland prägte Behnisch viele Städte mit seinen Bauwerken. Kleine Bilder unten rechts:

Lichthof des Frankfurter Museums für Kommunikation (links); das futuristische Unilever-Gebäude in der Hamburger Hafencity (rechts).

Günter Behnisch (1922–2010) war einer der renommiertesten deutschen Architekten. Berühmt wurde er durch die Sportstätten für die Olympischen Sommerspiele 1972 in München. Das von einem luftigen Zeltdach überspannte Ensemble ist ein eindrucksvolles architektonisches Gesamtkunstwerk.

Günter Behnisch wurde am 12. Juni 1922 in Dresden geboren und wuchs ab 1934 in Chemnitz auf, von wo er 1939 zur Wehrmacht eingezogen wurde. Nach dem Krieg studierte er Architektur in Stuttgart und gründete dort 1952 ein Büro.

Mitte der 1960er-Jahre erfuhr seine Karriere die entscheidenden Schübe: 1967 wurde Behnisch Professor an der Technischen Hochschule in Darmstadt und erhielt mit seinem kühnen Entwurf den Zuschlag für das Olympia-Gelände. Viele seiner Werke zeichnen sich dadurch aus, dass sie die Situation des Gebäudes in der Landschaft und die Stimmung des Ortes entschlossen und zugleich spielerisch aufgreifen. So besticht das St.-Benno-Gymnasium in Dresden (1997) durch eine Kombination aus klaren Linien, inspirierender Farbgebung und kommunikativer Offenheit; das Lothar-Günther-Buchheim-Museum in Bernried (2000) ankert wie eine Mischung aus Dampfer und terrassierter Villa am Ufer des Starnberger Sees; und sein Um- und Neubau der Akademie der Künste am Pariser Platz in Berlin (1993–2005) schließlich ist ein lichtdurchfluteter Komplex inmitten der Stadt. Hier räumt die Architektur der Fantasie und der Kreativität wissenschaftlichen Denkens das gleiche Recht ein wie dem konzentrierten, zurückgezogenen Arbeiten. Der neue Plenarsaal des Deutschen Bundestags in Bonn – ebenfalls ein Werk Behnischs – wurde wegen des Umzugs des Bundestags nach Berlin nur kurze Zeit seiner Bestimmung gemäß benutzt.

Bei einem feierlichen Gottesdienst auf dem Petersplatz in Rom wurde Benedikt XVI. im April 2005 in sein geistliches Amt eingeführt (großes Bild unten). Mehrere Hunderttausend Gläubige und viele Regierungsoberhäupter aus aller Welt nahmen teil.

Rechte Bildleiste, von oben: Ein letztes Mal segnete Papst Benedikt XVI. Pilger vom Fenster des Castel Gandolfo aus, bevor er am 28. Februar 2013 sein

Amt niederlegte; 2011 hatte er eine Rede im Konzerthaus Freiburg gehalten, neben ihm Robert Zollitsch, der Erzbischof von Freiburg.

Benedikt XVI., bürgerlich Joseph Alois Ratzinger (geboren 1927), wurde am 19. April 2005 zum Papst gewählt. Als Präfekt der Glaubenskongregation, Kardinalsdekan und langjähriger Vertrauter von Johannes Paul II. galt Ratzinger als Favorit – seine Wahl setzte somit das geflügelte Wort außer Kraft: »Wer als Papst ins Konklave geht, kommt als Kardinal wieder heraus.«

Benedikt XVI. war der erste deutsche Papst seit Hadrian VI. im Jahr 1523. Als akademischer Theologe sowie als Bischof und Kardinal machte Ratzinger eine bemerkenswerte kontinuierliche Karriere, die in der Papstwahl gipfelte. Nach dem Krieg studierte er katholische Theologie und Philosophie in Freising, München und Freiburg, wurde 1953 promoviert, 1957 habilitiert und bereits ein Jahr später Professor. 1977 ernannte ihn Papst Paul VI. zum Erzbischof von München und Freising, kurze Zeit später zum Kardinal. 1981 wurde er Präfekt der Glaubenskongregation, ein Amt, das er bis zu seiner Wahl als Papst innehatte. Der Theologe galt als eher konservativer Denker, der in vielen Fragen mit seinem Vorgänger Johannes Paul II. übereinstimmte. Die erste Auslandsreise des neuen Papstes führte ihn nach Deutschland zum Weltjugendtag, der im Mai 2005 unter riesiger Anteilnahme in Köln gefeiert wurde. Benedikts Geburtshaus in Marktl am Inn entwickelte sich sofort nach der Papstwahl zu einer Touristenattraktion. Auch andere Stationen seines Lebens und Wirkens können im Rahmen touristischer Angebote oder Pilgerreisen besichtigt werden. Nach Coelestin V. (1294) ist Ratzinger der zweite Papst, der freiwillig sein Amt niederlegte. 2013 verkündet er seinen Amtsverzicht und lebt seitdem zurückgezogen, aber dennoch präsent im Kloster Mater Ecclesiae im Vatikan.

Im frühen 20. Jahrhundert entstanden mehrere Rennwägen mit Benz-Motoren, so auch dieses Studiomodell (großes Bild). Vor allem in den USA waren die »International Indianapolis Races« äußerst beliebt, Ralph DePalma gewann unzählige Rennen.

Kleine Bilder unten, von links: Bei der Oldtimer-Rallye in Landsberg am Lech nehmen mindestens 80 Jahre alte Autos teil, hier ein Benz 8/20, Baujahr

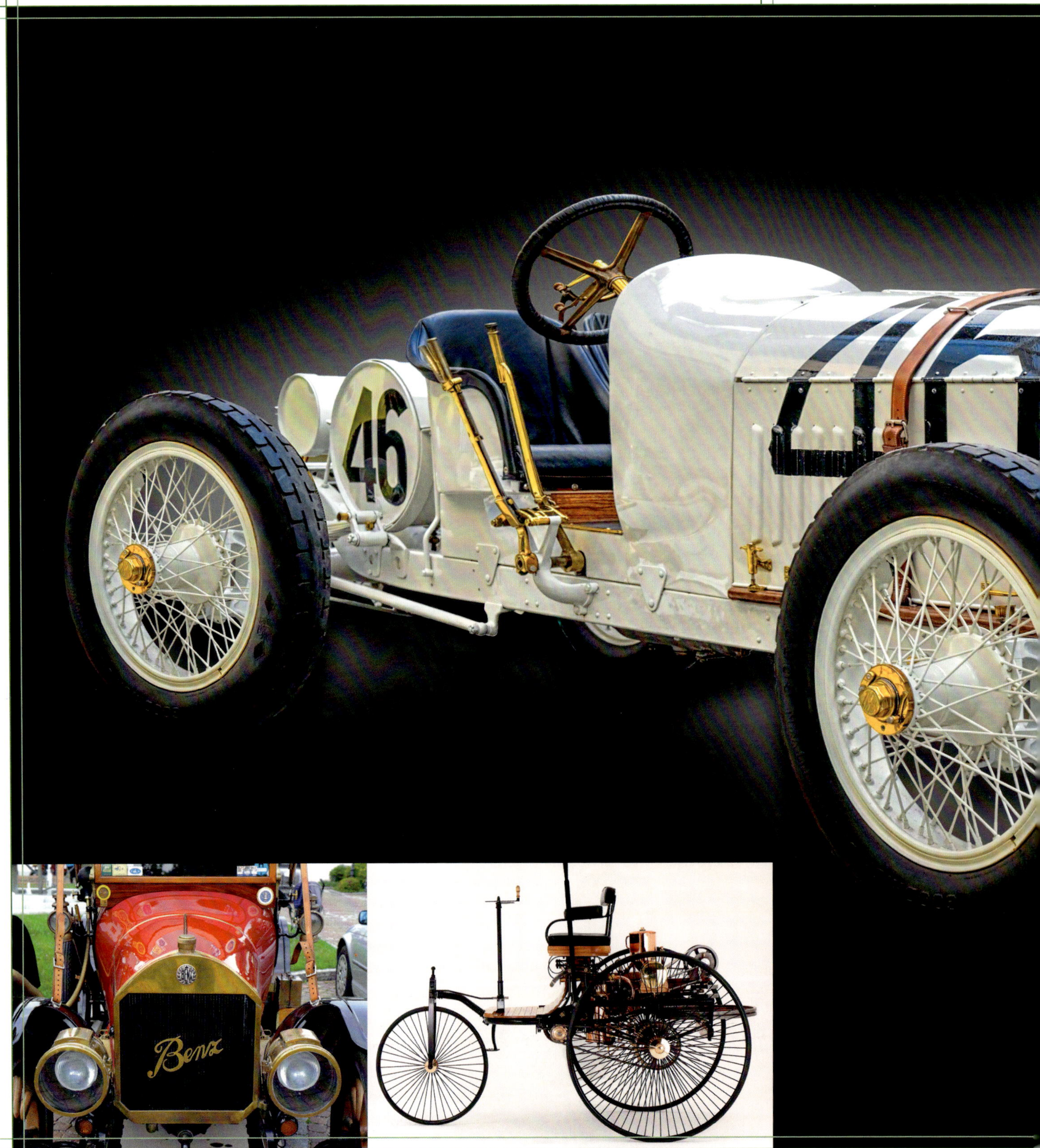

1913; lange zuvor fuhr man Benz-Dreiräder (1885); Rudolf Carraciola in einem Mercedes-Benz-Kompressor 680S, Baujahr 1927.

Als Erfinder des Automobils werden immer wieder mehrere deutsche und französische Konstrukteure bezeichnet, keiner aber kann mit mehr Recht dafür gelten als Carl Benz (1844–1929).

Carl Benz war der Erste, der ein komplettes, fahrtüchtiges Kraftfahrzeug mit leichtem Motor baute. Sein Reichspatent Nr. 37453 vom 29. Januar 1886 gilt daher als Geburtsurkunde des Automobils. Benz war ein genialer Konstrukteur, einfallsreich, ehrgeizig, zielstrebig – und zugleich konfliktfreudig. Mehrmals verließ er Firmen, die er gegründet hatte, und baute wieder etwas Neues auf. Der am 25. November 1844 in Karlsruhe geborene Benz absolvierte ein naturwissenschaftliches Gymnasium und bestand bereits mit knapp 16 Jahren die Aufnahme zur Polytechnischen Hochschule, die er nach vier Jahren 1864 abschloss. Nach mehreren kurzen Anstellungen gründete er im Jahr 1871 seine erste Firma – eine Eisengießerei und mechanische Werkstätte. Finanzielle Schwierigkeiten und sein unbändiger Erfindungsgeist trieben ihn ab 1877 dazu, einen neuartigen Motor zu konstruieren, der Silvester 1879 zum ersten Mal lief. Mit neuen Geldgebern gründete er die »Gasmotorenfabrik in Mannheim«, die er jedoch 1883 schon wieder verließ, um eine neue Firma auf die Beine zu stellen, in der er einen kompletten Kraftwagen bauen wollte. 1886 erhielt er dafür das Patent. Acht Jahre später, 1894, entstand das erste Massenfabrikat, das in einer Serie von über 1200 Stück gebaut wurde. Seit 1926 firmierten die Unternehmen Benz & Cie. sowie die Daimler-Motoren-Gesellschaft des bereits 1900 verstorbenen Konstrukteurs Gottlieb Daimler gemeinsam als Daimler-Benz AG. Im Jahr 1929 starb Carl Benz, mit Ehrungen überhäuft, in seinem Haus in Ladenburg.

Joseph Beuys' Installation »Das Rudel« von 1969 (großes Bild) war im Jahr 2011 in der Neuen Galerie Kassel zu sehen. Auf jedem Schlitten, der aus dem VW-Bus kommt, befindet sich eine Lampe, etwas Fett und eine gerollte Filzdecke.

Bildleiste rechts: Eine der letzten Werkgruppen, »Blitzschlag mit Lichtschein auf Hirsch, 1958–1985, Ebene 2«, ausgestellt im Museum für

Moderne Kunst, Frankfurt; die berühmte Badewanne (1960) im Lenbachhaus München; Porträt (Peter Maltz). Rechts: Porträt (Andy Warhol, 1980).

Joseph Beuys (1921–1986) war einer der bedeutendsten deutschen Künstler in der zweiten Hälfte des 20. Jahrhunderts. Sein Name steht für das Aufbrechen traditioneller Ordnungen innerhalb der Kunst, für »Aktionskunst«, »soziale Plastik« und einen erweiterten Kunstbegriff.

Radikal begriff Beuys die Kunst als Möglichkeit, das Menschsein auf allen Ebenen zu verwirklichen. Früher als die meisten anderen versuchte er, den Begriff der »Ganzheitlichkeit« mit Leben zu füllen. Nach dem Krieg hatte er noch eine traditionelle Laufbahn als Steinmetz und Bildhauer begonnen und die Kunstakademie als Meisterschüler abgeschlossen. In den Jahren 1957/58 geriet er in eine Schaffenskrise, in deren Folge sich Beuys Arbeitsweise und Kunstbegriff radikal veränderte. Er verwendete nun, ab Anfang der 1960-Jahre – was eine Art Markenzeichen seiner Kunst werden sollte – biologische Materialien wie Filz, Fett und Honig. Er beteiligte sich an der Fluxus-Bewegung der 1960er-Jahre mit ihren »komponierten« Happenings, betonte das Organische und Prozesshafte gegenüber dem Geordneten und Starren. Gleichzeitig engagierte er sich zunehmend auch in der Politik. Durch Aktionen wie die »Organisation der Nichtwähler« (1970), das Informationsbüro der »Organisation für Direkte Demokratie durch Volksabstimmung« auf der documenta 5 (1972) oder die Gründung einer »Freien internationalen Hochschule für Kreativität und interdisziplinäre Forschung« füllte er den Begriff der sozialen Plastik mit Leben. Im Jahr 1980 kandidierte Beuys für die Grünen als Landtagsabgeordneter in Nordrhein-Westfalen. Allgemeingut wurde sein Schlagwort: »Jeder Mensch ist ein Künstler.« Am 23. Januar 1986 starb Joseph Beuys an Herzversagen.

Bismarck-Denkmal vor der Siegessäule in Berlin, die an den Sieg im Deutsch-Französischen Krieg erinnert (großes Bild). Bismarck nutzte diesen Erfolg, um die Gründung des Deutschen Reiches unter preußischer Führung zu erreichen.

Rechte Bildleiste, von oben: Die Proklamation des Deutschen Kaiserreiches 1871 im Spiegelsaal von Schloss Versailles (Anton von Werner,

1885); Detail aus dem Niederwalddenkmal, erbaut 1877 zur Einigung Deutschlands; Otto von Bismarck in Uniform (Franz von Lenbach, 1871).

Bis heute gehen die Meinungen über Otto von Bismarcks (1815–1898) Lebensleistung weit auseinander: Die einen erkennen den erfolgreichen Politiker, den Eisernen Kaiser und den Vater der Sozialgesetze. Andere dagegen sehen in ihm den Machtmenschen und Militaristen und damit einen der Initiatoren einer Entwicklung, die Deutschland im 20. Jahrhundert zwei Weltkriege vom Zaun brechen ließ.

Otto von Bismarck stammte aus altem Adel. Er kam am 1. April 1815 auf dem Familiensitz Gut Schönhausen in der Altmark zur Welt, studierte in Göttingen, arbeitete kurz als Beamter und kümmerte sich um die Familiengüter, bis er Ende der 1840er-Jahre eine politische Karriere begann. Zunächst als Abgeordneter des Preußischen Landtages, ab 1851 als preußischer Gesandter beim Bundestag in Frankfurt, vertrat er eine strikt monarchistische, antidemokratische und preußisch-nationalistische Linie. 1862 wurde Bismarck preußischer Ministerpräsident und Außenminister und führte durch mehrere Kriege, zuletzt den Deutsch-Französischen von 1870/71, die Gründung eines einheitlichen Deutschen Reiches unter der Führung Preußens herbei. Die Reichsverfassung, in der Bismarck nur dem Kaiser Rechenschaft schuldig war, gab ihm innenpolitisch freie Hand für seinen Kampf gegen Sozialisten, Liberale und Katholiken. Zugleich initiierte er die Gesetze zur Sozialversicherung, mit denen er den linken Gruppierungen den Wind aus den Segeln nahm. Der zudem außenpolitisch sehr geschickte Bündnispolitiker und Einiger Deutschlands wurde 1890 vom jungen und allzu ehrgeizigen Kaiser Wilhelm II. entlassen. Bismarck starb am 30. Juli 1898 in Friedrichsruh. Er wurde in einem Mausoleum im selben Ort neben seiner Frau begraben.

Um das Jahr 1300 erbaut, mehrmals umgebaut und zuletzt im 19. Jahrhundert um eine englische Gartenanlage erweitert, befindet sich Schloss Bodelschwingh (unten) bis heute in Privatbesitz.

Friedrich von Bodelschwingh stammte aus der alten westfälischen Adelsfamilie Bodelschwingh. Das Wasserschloss im Stil der Renaissance ist der

Friedrich von Bodelschwingh

Öffentlichkeit nur an wenigen Tagen im Jahr zugänglich, u.a. vor Weihnachten. Es dient der Familie noch immer als Wohnsitz.

Friedrich von Bodelschwingh der Ältere (1831 bis 1910) ist der Gründer der »v. Bodelschwingh'schen Anstalten Bethel« in Bielefeld. Das Wort Bethel stammt aus dem Hebräischen und bedeutet »Haus Gottes«. Bodelschwinghs Geist und seine Leistung sind heute noch auf Schritt und Tritt spürbar.

Friedrich von Bodelschwingh, am 6. März 1831 in Tecklenburg geboren, stammte aus einer alten westfälischen Adelsfamilie und hatte zunächst als Landwirtschaftsinspektor gearbeitet, ehe er durch ein Offenbarungserlebnis bekehrt wurde und beschloss, Missionar zu werden. Seine christliche und humanitäre Vision bestand darin, denen eine Heimat zu bieten, »die sonst niemand gern beherbergt«. Die Keimzelle war eine im Jahr 1867 gegründete Anstalt für Epilepsiekranke, deren Leitung Bodelschwingh im Jahr 1872 übernahm und bis zu seinem Tod 1910 mit rastloser Energie ausbaute; dabei war er nie um Einfälle verlegen, Spenden zu akquirieren und mit Politikern, Kommunen, Firmen oder anderen Einrichtungen karitative Bündnisse zu schmieden. Nicht nur psychisch Kranke, sondern auch Obdachlose fanden in den Arbeiterkolonien – vor allem in der in Wilmersdorf – einen Platz. Kritiker prangern an, dass die Arbeitsbedingungen der Kolonien nicht unbedingt positiver Natur gewesen sein sollen. Bethel ist heute die größte diakonische Einrichtung Europas. Rund 11 000 Mitarbeiter betreuen etwa 14 000 Menschen in Kliniken, Heimen, Kindergärten, Schulen, Werkstätten und Wohneinrichtungen. Während der Zeit des Nationalsozialismus schützte Friedrich von Bodelschwingh der Jüngere, der die von Bodelschwingh'schen Anstalten nach dem Tod seines Vaters erfolgreich fortgeführt hatte, die Einrichtungen und Patienten erfolgreich vor der Euthanasie.

Porträt Heinrich Bölls in Frankfurt am Main, 1981 (großes Bild). 1972 wurde dem Schriftsteller, Essayisten und Übersetzer der Nobelpreis für Literatur verliehen. Im Dezember 2017 wird der 100. Geburtstag des großen Deutschen gefeiert.

Rechte Bildleiste, von oben: Böll beherbergte den russischen Schriftsteller und Nobelpreisträger Alexander Solschenizyn nach dessen Ausweisung

aus der Sowjetunion 1974 in Langenbroich; Böll erhält 1983 das Ehrenbürgerrecht der Stadt Köln; Pressekonferenz mit Petra Kelly von den Grünen.

Heinrich Böll (1917–1985), der erste deutsche Literaturnobelpreisträger nach dem Krieg, war erstens Schriftsteller, zweitens Kölner, drittens Katholik und viertens Kriegsteilnehmer. Zwischen diesen Fixpunkten verlief sein Leben, das stets eng mit dem Rheinland verknüpft blieb.

Bölls Denken war von einem zutiefst christlichen Humanismus, einem kritischen Blick auf die Gesellschaft und einem durch den Krieg entstandenen Pazifismus beseelt. Es bestimmte auch sein politisches Engagement, das ihn in den 1980er-Jahren zu einer prominenten Figur der Friedensbewegung werden ließ. In seinen Werken verband er dies alles, und er benutzte seine Kunst immer wieder dazu, um Missstände in der Gesellschaft anzuprangern. Die schöpferischste Phase als Schriftsteller hatte Böll in den 1950er- und 1960er-Jahren, als er zeitweise der Künstlervereinigung »Gruppe 47« zugerechnet wurde. In den 1970er-Jahren trat sein gesellschaftliches Engagement dann immer stärker hervor. 1974 erschien sein wohl bekanntestes Werk, die Erzählung »Die verlorene Ehre der Katharina Blum«, die das Schicksal einer von einem Boulevardblatt verleumdeten Frau schildert. Durch seinen unbeirrbaren Einsatz wurde er zu einer Art moralischer Instanz der Bundesrepublik, vor allem auch deshalb, weil er sich – anders als viele andere Linke in dieser Zeit – nicht blind gegenüber dem Unrecht in den Ostblockstaaten zeigte. So setzte er sich für verfolgte Autoren wie Alexander Solschenizyn und Lew Kopelew ein und gewährte ihnen nach ihrer Ausweisung aus der Sowjetunion Gastfreundschaft in seinem Haus in Langenbroich in der Eifel. Dort starb Heinrich Böll am 16. Juli 1985. Sein letzter Roman, »Frauen vor Flusslandschaft«, erschien posthum im Herbst seines Todesjahres.

»Von guten Mächten wunderbar geborgen, erwarten wir getrost, was kommen mag. Gott ist bei uns am Abend und am Morgen und ganz gewiss an jedem neuen Tag«, so Bonhoeffers Inschrift auf der Glocke der Alexanderkirche in Marbach.

Bildleiste rechts, von oben: Die Bronzebüste des Dietrich Bonhoeffer vor der Stadthalle in Marl schuf Alfred Hrdlicka 1977 als Zeichen gegen

Gewalt und Diktatur; Bonhoeffer fand auch einen Gedenkplatz in der Londoner Westminster Abbey; Fotografie aus den 1930er-Jahren.

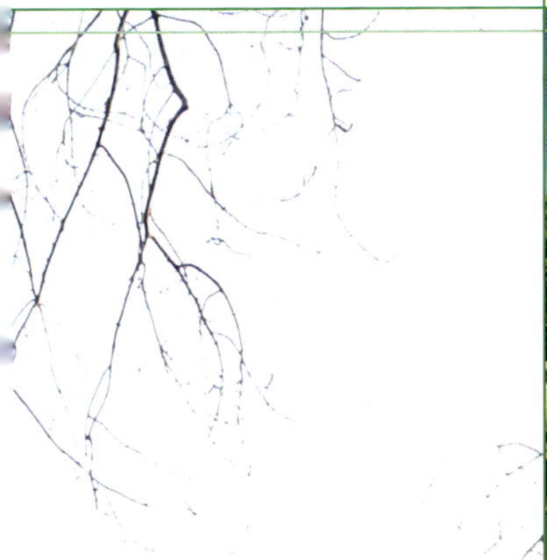

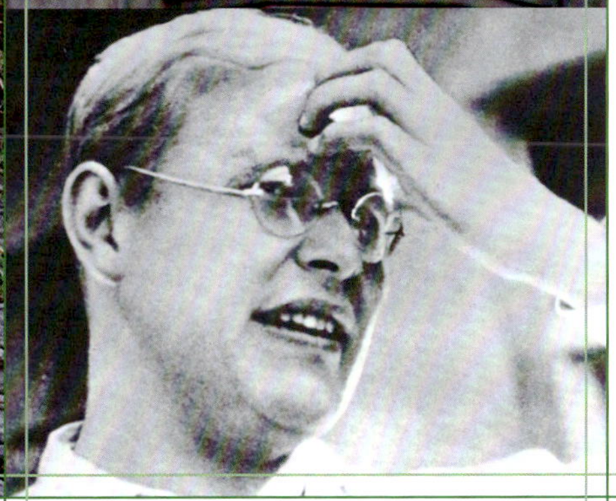

Dietrich Bonhoeffer (1906–1945) war eine Hauptfigur der Bekennenden Kirche, des evangelischen Widerstands gegen die Nationalsozialisten, seine Ermordung steht stellvertretend für die blindwütige Brutalität des Regimes: Er wurde noch am 9. April 1945, als der Krieg längst verloren war, im KZ Flossenbürg gemeinsam mit anderen Regimegegnern von der SS hingerichtet.

Bonhoeffer stammte aus einer großbürgerlich-intellektuellen Familie. Der Vater war ein anerkannter Neurologe und Psychiater und wurde 1911 Professor in Berlin, die Mutter unterrichtete die acht Kinder der Familie zu Hause. Dietrich Bonhoeffer studierte evangelische Theologie in Tübingen und machte eine steile akademische Karriere: mit 21 Jahren Promotion mit »summa cum laude«, ein Jahr als Vikar in Spanien, dann als Assistent an die Berliner Universität, nach nur zwei Jahren die Habilitation und bereits 1931, im Alter von 25 Jahren, die Ordination. Zu den Nationalsozialisten stand er von Anfang an in Gegnerschaft. Bereits am 1. Februar 1933, zwei Tage nach Hitlers Ernennung zum Reichskanzler, wurde ein Rundfunkvortrag Bonhoeffers über den »Führerbegriff« abgebrochen, weil er darin die neuen Herrscher kritisiert hatte. Als die Kriegsvorbereitungen der Nationalsozialisten immer offensichtlicher wurden, suchte er gezielt den Kontakt zu anderen Widerständlern, unter anderem zu den Männern des 20. Juli 1944 – wobei er sich intensiv mit dem moralischen Dilemma des Tyrannenmordes auseinandersetzte. Er geriet zunehmend ins Visier der Gestapo und wurde 1944 festgenommen. Nach dem Attentat Stauffenbergs auf Hitler brachte man Bonhoeffer im April 1945 nach Flossenbürg, um ihn dort – kurz vor der Befreiung des KZs – hinzurichten.

Im Resselpark beim Karlsplatz in Wien steht dieses Marmordenkmal Johannes Brahms' aus dem Jahr 1908 (großes Bild). Brahms zu Füßen liegt die Muse der Tonkunst; der Wiener Musikverein befindet sich auch ganz in der Nähe.

Kleine Bilder unten: In der Laeiszhalle Hamburg (hier die Außenansicht) ist das Brahms-Foyer nach dem berühmten Komponisten benannt; ein Aquarell

des Musikzimmers in Johannes Brahms' Haus in Wien, wo er sich ab 1872 niedergelassen hatte und 1897 im Alter von 63 Jahren starb.

»Das ist der Erbe Beethovens!«, soll der Wiener Konzertmeister Joseph Hellmesberger begeistert gerufen haben, als er 1862 gemeinsam mit Brahms dessen »Klavierquartett in g-Moll« aufführte. Johannes Brahms (1833 bis 1897) war diese Art Heiligsprechung eher lästig, auch wenn er durchaus ehrgeizig war und auch über ein gesundes Selbstbewusstsein verfügte.

Der in Hamburg als Sohn eines Bassisten geborene Brahms zeigte schon als Kind überragendes Talent zum Klavierspielen und als Jugendlicher auch zum Komponieren. Bereits mit 20 Jahren gelang ihm der Durchbruch, als Robert Schumann in seiner »Neuen Zeitschrift für Musik« über das junge Talent ein enthusiastisches Porträt schrieb und sich dafür einsetzte, dass seine Werke gedruckt wurden. Zu Schumanns Frau Clara, die selbst eine hochbegabte Pianistin und Komponistin war, entwickelte er eine lebenslange Freundschaft, die sich kurzzeitig sogar zu einer Phase stürmischer Liebe emporschwang. Da es ihm in Hamburg nicht gelang, Leiter der Philharmonie zu werden, verlegte er seinen Lebensmittelpunkt nach Wien, wo er sich 1862 erstmals für längere Zeit aufgehalten hatte. Brahms führte die konservative, auf Beethovens Erbe begründete Kompoziertradition fort und begab sich so – eher unfreiwillig – in einen Gegensatz zur Neudeutschen Schule um Franz Liszt und Richard Wagner. Seiner selbstkritischen Prüfung hielten viele eigene Kompositionen nicht stand, die er dann wieder vernichtete. Seine erste Symphonie (c-Moll op. 68) veröffentlichte er erst mit 43 Jahren, den Zeitgenossen galt sie, nach denen von Beethoven, als bedeutendste Symphonie. Seine Konzerte, Chorwerke, Lieder und Kammermusik verbinden formale Perfektion mit tief empfundener Emotion.

Im Nobel-Friedenszentrum in Oslo ist dieses Bildnis von Willy Brandt ausgestellt (großes Bild). Jedes Jahr am 10. Dezember verleiht das norwegische Nobel-Komitee den Friedenspreis, Willy Brandt erhielt seinen im Jahr 1971.

Rechte Bildleiste, von oben: Kurt Kiesinger, Georges Pompidou, Willy Brandt und Maurice Couve de Murville im Januar 1967 in Paris; das Willy-

Brandt-Haus, die SPD-Zentrale in Berlin; in dessem Foyer steht die von Rainer Fetting geschaffene übergroße Bronzestatue.

Mit Willy Brandt (1913–1992) verbinden sich im kollektiven Gedächtnis Schlagworte und Bilder wie etwa: »Mehr Demokratie wagen« – Berliner Bürgermeister zur Zeit des Mauerbaus – Kniefall am Mahnmal des Warschauer Ghettos. Obwohl seine Amtszeit als Kanzler nur fünf Jahre dauerte, hat er eindrücklichere Erinnerungen hinterlassen als manch anderer, länger regierender Kanzler.

Für seine von der Opposition heftig bekämpfte Politik der Aussöhnung mit Polen und der Sowjetunion erhielt er 1971 den Friedensnobelpreis. Brandts Biografie ist so charakteristisch für das unruhige 20. Jahrhundert, wie sie untypisch für die Mehrzahl der Deutschen ist. Als Herbert Frahm 1913 in Lübeck geboren, war er in der Sozialistischen Arbeiterpartei aktiv und ging 1933, als diese verboten wurde, nach Norwegen, um von dort aus Widerstandszellen aufzubauen. Nach der deutschen Besatzung Norwegens floh er nach Schweden. Im Exil legte er sich den Decknamen Willy Brandt zu, den er später beibehielt. Nach dem Krieg begann seine steile politische Karriere: 1949 wurde er Bundestagsabgeordneter für die SPD, 1957 Regierender Bürgermeister von Berlin, 1966 Außenminister und Vizekanzler der Großen Koalition unter Kurt Georg Kiesinger, 1969 Bundeskanzler einer Koalition mit der FDP, die 1972 in vorgezogenen Neuwahlen bestätigt wurde. Im Jahr 1974 trat er aufgrund der Spionageaffäre um seinen Referenten Günther Guillaume zurück. Er blieb weiterhin politisch aktiv und bis zu seinem Tod Abgeordneter des Bundestags. Sein glaubwürdiger Einsatz für Demokratie und Versöhnung machte ihn zu einem der beliebtesten deutschen Politiker der Nachkriegszeit. Er starb am 8. Oktober 1992, zwei Jahre nach der Wiedervereinigung, in Unkel am Rhein.

Dr. Wernher von Braun an seinem Schreibtisch im Marshall Space Flight Center (MSFC) (großes Bild), wo er seit 1960 das Amt des Direktors innehatte, bis er 1970 ins Hauptquartier der NASA nach Washington, D.C., wechselte.

In den USA erlangte von Braun rasch Ansehen, in seinem Heimatland ist er bis heute umstritten, v.a. wegen des Baus der sogenannten V2 (oberes Bild

rechts; Imperial War Museum, London). Darunter: John F. Kennedy und Lyndon B. Johnson vor der Saturn C-1 Rakete, George Marshall Space Flight Center.

Wernher von Braun (1912–1977) war ein deutscher Ingenieur und Raketenkonstrukteur. Er trug in den USA maßgeblich zum ersten bemannten Mondflug bei. Für das Nazi-Regime entwickelte er u.a. die sogenannte V2 (Vergeltungswaffe 2), eine Rakete, die Tausenden von Menschen den Tod brachte.

Schon als Schüler begeisterte sich der im heute polnischen Wyzrysk geborene Sohn des ostpreußischen Gutsbesitzers und späteren Reichsernährungsministers Magnus Freiherr von Braun für den Weltraum und dessen Erkundung. Mit 27 Jahren wurde der junge, an der TH Berlin-Charlottenburg ausgebildete Ingenieur technischer Direktor der neuen NS-Heeresversuchsanstalt Peenemünde. Hier leitete er die Entwicklung der A4, einer Großrakete mit Flüssigtreibstoff, die als erste ihrer Art die Grenze des Alls erreichte. Ihr Bau erfolgte später unter dem Namen V2 vielerorts – z.B. auch im thüringischen KZ Mittelbau-Dora. Obwohl im Dritten Reich NSDAP- und SS-Mitglied, konnte der einstige militärische Know-how-Träger des NS-Regimes ab 1946 in den USA eine neue Karriere starten. Mit ehemaligen Kollegen konstruierte er dort im Auftrag der amerikanischen Regierung die weltweit erste atomar bestückte Mittelstreckenrakete (»Redstone«). Ein Jahr nach Gründung der US-Raumfahrtbehörde NASA im Jahr 1958 wurde von Braun, der inzwischen amerikanischer Staatsbürger war, Direktor des Marshall Space Flight Centers in Huntsville. Damit stand er an der Spitze des Entwicklerteams der Saturn-Trägerraketen und legte somit den Grundstein für den ersten bemannten Flug zum Mond 1969. Ein Jahr nach diesem spektakulären Ereignis wurde von Braun Planungsdirektor der NASA. 1972 wechselte er in die Privatwirtschaft; sein Tod ereilte ihn in Alexandria im US-Staat Virgina.

Bertolt Brecht und Helene Weigel gründeten im Jahr 1949 das Berliner Ensemble, das alsbald ins Theater am Schiffbauerdamm (großes Bild) einziehen sollte. Uraufführung war Molières »Don Juan«.

Brecht auf der Bühne (Bildleiste rechts, von oben): »Die Dreigroschenoper«, »Mutter Courage und ihre Kinder«, »Der Kaukasische Kreidekreis« und

»Der aufhaltsame Aufstieg des Arturo Ui«. Das Berliner Ensemble inszeniert die Stücke seines Gründers bis heute regelmäßig.

Bertolt Brecht (1898–1956) gilt als einer der einflussreichsten deutschen Dramatiker der Moderne und Begründer des sogenannten »epischen Theaters«. Sein abenteuerliches und unstetes Leben war typisch für das zerrissene 20. Jahrhundert und symbolisiert wie kaum eine andere Biografie die Teilung Deutschlands nach dem Krieg.

Geboren und aufgewachsen in einem bürgerlichen Viertel in Augsburg, studierte er nach dem Krieg, den er als Sanitäter in einem Lazarett noch kurz mitbestreiten musste, in München.

Hier lernte er den Komiker Karl Valentin kennen, zu dem sich eine Freundschaft entwickelte und der ihn handwerklich stark beeinflusste. Mit dem Stück »Trommeln in der Nacht« (1922), für das er den Kleist-Preis erhielt, hatte Brecht früh einen großen Erfolg. Zugleich begann er gezielt, Kontakte nach Berlin zu knüpfen, hielt sich häufig dort auf und wechselte 1924 ganz in die Hauptstadt. Hier arbeitete er unter anderem mit Carl Zuckmayer zusammen, vor allem aber mit dem Komponisten Kurt Weill. Ihr gemeinsames Projekt »Die Dreigroschenoper« wurde 1928 uraufgeführt und geriet zu einem Welterfolg. Zu jener Zeit hatte Brecht sich bereits stark zum Kommunismus bekannt, weshalb er 1933 ins Exil fliehen musste. Nachdem Brecht acht Jahre in Skandinavien verbracht hatte, fuhr er 1941 in die USA, wo er im Filmgeschäft Fuß zu fassen hoffte. Stattdessen musste er 1947 auch von dort wieder fliehen, weil er »unamerikanischer Umtriebe« verdächtigt wurde. Nach einer weiteren Odyssee über mehrere Länder fand er schließlich 1949 eine Heimat in Ostberlin, wo er bis zu seinem Tod 1956 lebte. Er leitete das »Berliner Ensemble«, das er zu einer der wichtigsten und einflussreichsten Theatertruppen Deutschlands machte.

Wenn ein Kunstwerk die neuen Glaubensinhalte der Reformation in Bildern wiedergibt, dann der Wittenberger Reformationsaltar in der Kirche St. Marien (Mitte 16. Jh.) (kleines Bild unten).

»Die Prinzessinnen Sibylla, Emilia und Sidonia von Sachsen« (1535) hängen heute im Kunsthistorischen Museum in Wien (großes Bild). Lukas Cranach der

Ältere war vor allem für die Lebendigkeit seiner Gemälde berühmt. Neben kirchlichen Motiven schuf der Hofkünstler auch Porträts von Adligen.

Zwei noch größere Geister verschatten das Bild, das die Nachwelt von Lukas Cranach d. Ä. (um 1472–1553) hat: Als deutscher Maler der Renaissance stand er im Schatten Albrecht Dürers, und in Wittenberg wurde er von Martin Luther überstrahlt. Dabei war er selbst eine eindrucksvolle Figur: nicht nur begnadeter Maler und Grafiker, sondern auch Druckunternehmer, Buch- und Papierhändler sowie Lokalpolitiker.

Cranach kam vermutlich 1472 als Sohn eines Malers mit dem Namen Sonder im fränkischen Kronach, das damals noch Cranach hieß, zur Welt. Dort lernte er das Malerhandwerk von seinem Vater und ging auf Wanderschaft. Er blieb eine Zeit lang in Wien, wo er sich nach seinem Heimatort nannte. 1505 holte ihn der sächsische Kurfürst Friedrich der Weise als Hofmaler nach Wittenberg – wo ihm nicht nur noch ein halbes Jahrhundert Lebenszeit beschieden sein sollte, sondern auch eine großartige Karriere. 1508 verlieh ihm der Kurfürst den Wappenbrief, und um 1512 heiratete Cranach Barbara Brengebier, die Tochter des Gothaer Bürgermeisters, mit der er fünf Kinder bekam. 1519 wurde er zum ersten Mal in den Rat der Stadt gewählt, war zeitweilig Kämmerer und für mehrere Amtsperioden Bürgermeister. 1520 erwarb er das Apothekerprivileg, das ihm das Recht gab, Kräuter, Gewürze und andere Waren zu verkaufen. Er freundete sich mit den Reformatoren Martin Luther und Philipp Melanchthon an und war Luthers Trauzeuge. Nach dem Schmalkaldischen Krieg folgte er seinem Dienstherrn, Johann Friedrich von Sachsen, ins Exil nach Augsburg und dann nach Weimar, wo er 1553 starb. In seiner Werkstatt entstanden mehrere Tausend Gemälde. Berühmt sind neben vielen Porträts und Selbstbildnissen auch die Fürstenaltäre in Torgau und Dessau.

Daimler-Motorkutsche in der ehemaligen Werkstatt von Gottlieb Daimler, Gedächtnisstätte im Kurpark von Bad Cannstatt (großes Bild). Das Museumsgebäude ist weitgehend in seinem Originalzustand belassen.

Kleine Bilder unten: Bereits 1885 hatte Daimler das erste Motorrad der Welt entwickelt. Obwohl sein Ehrgeiz mehr den Motoren als den Fahrzeugen galt,

ließ er Maybach ab 1886 einen Motorwagen bauen (links), und so entstand das erste Automobil mit vier Rädern (rechts).

Gottlieb Daimler und Carl Benz sind sich nie begegnet – obwohl sie nur gut 100 Kilometer voneinander entfernt arbeiteten und beide 1886 eines der ersten Automobile konstruierten. Ihre Firmen fusionierten 1926, als Daimler (1834–1900) längst gestorben war, Carl Benz erlebte es noch.

Gottlieb Daimler wurde am 17. März 1834 in Schorndorf in Württemberg als Sohn eines Gastwirts und Bäckermeisters geboren. Obwohl sein Vater eine Beamtenlaufbahn für ihn gewünscht hatte, entschied sich Gottlieb für eine technische Ausbildung, die er mit einem Maschinenbaustudium am Polytechnikum Stuttgart im Jahr 1859 abschloss. Während Carl Benz' Ehrgeiz sich darauf richtete, ein vollständiges Auto zu bauen, war Daimler vor allem ein genialer Motorenkonstrukteur. Seine Vision war ein leichter, leistungsfähiger, universell einsetzbarer Motor, der in Landfahrzeuge ebenso eingebaut werden konnte wie in Boote oder Flugzeuge. Zudem besaß Daimler in Wilhelm Maybach (1846–1929) einen kongenialen Mitstreiter, mit dem er sich perfekt ergänzte. Die beiden hatten sich 1865 in einem Reutlinger Waisenhaus kennengelernt, wo Daimler die Werkstatt leitete und die Vollwaise Maybach zum Technischen Zeichner ausgebildet wurde. Im Jahr 1872 nahm Daimler Maybach mit zur Gasmotorenfabrik Deutz, die mit Daimler als Leiter und Maybach als Konstrukteur einen raschen Aufstieg nahm. 1882 verließen beide Deutz und begannen, in Cannstatt ihren eigenen Motor zu entwickeln, auf den sie im Jahr darauf das erste Patent erhielten. Die äußerst erfolgreiche Zusammenarbeit (unter anderem mit dem »Mercedes« genannten Rennwagen) hielt bis zu Daimlers Tod im Jahr 1900 – worauf Maybach seine eigene Firma gründete, mit der er ebenfalls Weltruhm erlangte.

Bildnis Marlene Dietrichs in provokanter Pose, links neben Konnopke's Imbiss, der seit 1930 seine berüchtigten Currywürste verkauft, in der Eberswalder Straße in Berlin (großes Bild).

Die Rolle der Femme fatale im Film »Der Blaue Engel« (1930) machte Marlene Dietrich weltberühmt (kleines Bild). Sie provozierte gern und ließ

sich schon mal als selbstbewusste Frau mit Zigarette darstellen (links und rechts außen) – so ist sie auch im »Madame Tussauds« in Wachs verewigt.

Sie war einer der ganz großen Stars des 20. Jahrhunderts, der Inbegriff der Diva, der Leinwandgöttin, eine der meistfotografierten Frauen ihrer Zeit, dabei aber ein origineller und unabhängiger Geist: Marlene Dietrich (1901–1992).

Geboren auf der »roten Insel« in Berlin-Schöneberg, einem traditionellen Arbeiterviertel, studierte sie zunächst Geige, musste die Ausbildung aber wegen einer Sehnenscheidenentzündung abbrechen und sprach stattdessen am Deutschen Theater vor, wo sie ihre erste kleine Rolle erhielt.

Der Durchbruch kam 1930 mit ungeheurer Wucht: Ihre Rolle in Josef von Sternbergs »Der blaue Engel« (1930) und die unnachahmliche Art, wie sie dort »Ich bin von Kopf bis Fuß auf Liebe eingestellt« sang, machten sie schlagartig weltberühmt; und spätestens ihre Rolle in Sternbergs »Marokko« (1930) hievte sie in dieselbe Liga wie Greta Garbo oder Jean Harlow. Dabei war ihr Erfolg kein Zufall; sie galt am Set als Vollprofi, als besessene Arbeiterin, die sich auch um Details kümmerte. 1933 verließ sie Deutschland und folgte Sternberg in die USA, wo sie noch mehrere Jahre mit ihm arbeitete. 1939 nahm sie die US-Staatsbürgerschaft an. Als Truppenbetreuerin versuchte sie, an der Front ihren persönlichen Beitrag zu leisten, um die Nationalsozialisten zu besiegen und den Krieg zu beenden. Nach dem Zweiten Weltkrieg war sie vor allem als Chansonnière erfolgreich, und noch immer füllte sie große Hallen. Ab den 1970er-Jahren beendete sie ihre Karriere; 1992 starb sie in ihrer Wohnung in Paris, die sie zuletzt kaum verlassen hatte. Deutschland tat sich lange schwer mit dieser unbeugsamen Frau. Noch 1996 gab es Streit darüber, welche Straße nach Marlene Dietrich benannt werden sollte; die Arkaden am Potsdamer Platz bekamen schließlich ihren Namen.

Kleine Bilder unten, von links: »Bildnis der Journalistin Sylvia von Harden« (1926), heute im Musée National d'Art Moderne in Paris; »Prager Straße« (1920), ausgestellt in der Stuttgarter Staatsgalerie.

Das Nachtleben der Großstadt in all seinen Facetten porträtiert Otto Dix in seinem 1928 vollendeten Triptychon »Großstadt« (hier abgebildet: die

Mitteltafel). Dort steht das Konzept des mittelalterlichen Altarbilds in gekonntem Kontrast zum Lasziven und Vulgären der Gesellschaft der 1920er-Jahre.

Otto Dix (1891–1969) zählt zu den bedeutendsten Malern und Zeichnern des 20. Jahrhunderts. In seinen Werken folgte er zunächst dem Expressionismus, entwickelte dann jedoch einen zunehmend realistischen Stil. Schonungslos zeigte er die hässlichen Seiten des Menschseins und des täglichen Lebens auf.

Seine Erfahrungen im Ersten Weltkrieg und die Begegnung mit den Meisterwerken der Renaissance, vor allem dem Isenheimer Altar von Matthias Grünewald, prägten zeitlebens das Schaffen des zunächst als Dekorationsmaler ausgebildeten Sohnes eines Eisenformers und einer künstlerisch interessierten Näherin aus der Nähe von Gera. Ein Stipendium ermöglichte Dix das Studium an der Kunstgewerbeschule in Dresden. 1922 war er Meisterschüler an der Düsseldorfer Akademie und schloss sich dem Kreis um die Galeristin Johanna Ey an. 1924 trat Otto Dix der Berliner Secession bei und übersiedelte an die Spree. 1927 wurde er Professor an der Kunstakademie Dresden. Künstlerisch ist die zweite Dekade des 20. Jahrhunderts seine ausdrucksstärkste Zeit. Im »Großstadt-Triptychon« etwa zeichnete Dix ein schillerndes Sittenbild der Zwanzigerjahre mit karikierend überzeichneten Typen in grellen Farben. Die Ölfarben brachte er in altmeisterlicher Manier fein lasierend auf Holztafeln auf. 1933 musste Dix seine Professur niederlegen. Die Nazis warfen ihm wegen Werken wie dem Triptychon »Der Krieg« Wehrsabotage vor und diffamierten seine Kunst als »entartet«. Dix zog sich in die »innere Emigration« zurück und lebte ab 1936 am Bodensee. Er wandte sich der Landschaftsmalerei sowie allegorischen und christlichen Themen zu. 1945 wurde er noch zum Volkssturm eingezogen und kam in Colmar in französische Gefangenschaft. Vielfach ausgezeichnet, starb er in Singen am Hohentwiel.

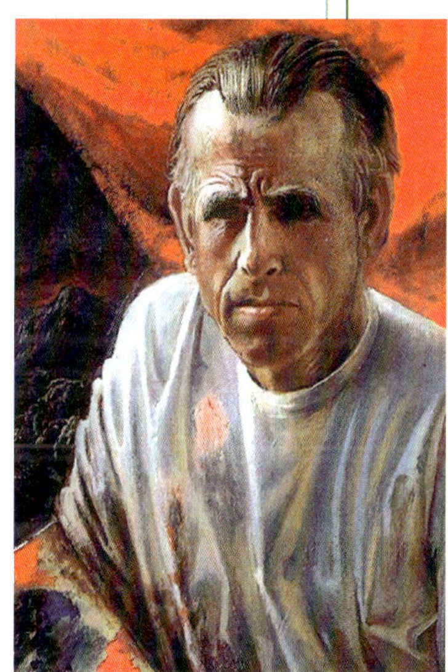

»Du Vaterhaus mit deinen Thürmen, vom stillen Weiher eingewiegt, wo ich in meines Lebens Stürmen so oft erlegen und gesiegt.« Mit diesen Worten poetisierte die Dichterin die Wasserburg Hülshoff (linkes der beiden kleinen Bilder unten).

Der Ort Meersburg, seine Burg und der Bodensee wurden der Dichterin zur zweiten Heimat. Das große Bild zeigt das Zimmer, in dem sie 1848 starb.

Kleines Bild unten: Im Rüschhaus in Münster-Nienberg lebte Annette mit ihrer Mutter und Schwester ab 1826. Heute befindet sich darin ein Museum.

Ihr äußeres Leben verlief ereignisarm, ja beinahe könnte man sagen: langweilig. Aber ihr inneres Erleben war dafür umso intensiver. Annette von Droste-Hülshoff (1797–1848), die größte deutsche Dichterin des 19. Jahrhunderts, führte eine Künstlerexistenz abseits der Boheme und allen Ruhms.

Aus altem westfälischem Adel stammend und auf dem Familiensitz Schloss Hülshoff im Münsterland geboren, war Annette von Droste-Hülshoff durch die Sittenstrenge des Katholizismus, die Enge des Familienlebens auf dem Schloss und die Fürsorgepflicht gegenüber der Mutter zeitlebens in das Korsett ihrer Gesellschaftsschicht eingebunden. Aber auch die Schwäche der eigenen Gesundheit, vielleicht die Folge ihrer zu frühen Geburt, erschwerte ihr das Leben. Ihre Ausbildung erhielt sie, wie damals üblich, bei einem Hauslehrer. Dabei entdeckte sie schon früh ihre Begabung für das Schreiben. Im Jahr 1826 zog sie nach dem Tod des Vaters mit Mutter und Schwester in das Rüschhaus in Nienberge bei Münster (heute ein Museum). Hier entstanden die meisten ihrer Werke, so der viel später veröffentlichte Gedichtzyklus »Das geistige Jahr« (1851). Erst 1838 gelang es ihr, mit Unterstützung von Freunden, erste Gedichte auch zu veröffentlichen. 1842 erschien ihr bekanntestes Werk, die Novelle »Die Judenbuche«, eine tiefgründig-moralische Kriminalgeschichte mit gesellschaftskritischem Unterton. Ab 1841 verbrachte sie einen Großteil ihrer Zeit bei ihrem Schwager in Meersburg am Bodensee, wo sie 1843 ein Häuschen kaufte. Hier starb sie auch im Mai 1848. Ihre Dichtung, obwohl zur Zeit der Restauration entstanden, wurzelt eher in der Romantik, jedoch ohne deren Ungestüm und Ironie. Zugleich weist sie schon voraus in die Moderne und in den Symbolismus.

Längst ist der Name Duden zu einer Marke geworden, unter der keineswegs nur die Rechtschreibregeln erscheinen, sondern eine Vielzahl von Werken zur Grammatik, Stilkunde, Wortherkunft und vieles mehr (beide Abbildungen unten).

Zwischen 1876 und 1905 war Konrad Duden Direktor des Königlichen Gymnasiums zu Hersfeld. In Bad Hersfeld, wo er von 1876 bis 1905

wohnte und auf eigenen Wunsch beigesetzt wurde, können das Dudenhaus und ein Denkmal (kleines Bild rechts) besichtigt werden.

»Sein deutscher Stil ist korrekt und zeugt von Nachdenken« stand 1846 als Anmerkung unter dem Abituraufsatz von Konrad Duden (1829–1911). Als wie wahr sich dieser Satz später erweisen sollte, und noch mehr, dass der Name Duden einmal zu einem allgemein gebräuchlichen Begriff werden sollte – das hätten sich wohl weder der Lehrer noch der Schüler träumen lassen.

Konrad Dudens Streben nach einer systematischen und einheitlichen deutschen Rechtschreibung traf auf ein tiefes Bedürfnis seiner Zeit. Die politische Einheit Deutschlands war im Revolutionsjahr 1848, als der junge Student Duden sich an Demonstrationen und Versammlungen beteiligte, noch eine kühne Forderung. Noch gab es eben nicht nur die Kleinstaaterei, sondern auch regional unterschiedliche Währungen, Maße und Gewichte – und nicht selten auch Schreibweisen. Duden war auf dem Gut Bossigt bei Wesel am Niederrhein als zweites von insgesamt acht Kindern geboren worden, wuchs in Wesel, Dinslaken und Essen auf und studierte in Bonn ab 1846 Germanistik, Altphilologie, Philosophie und Geschichte. 1854 promovierte er in Marburg. Nach einigen Jahren, die er als Hauslehrer in Genua in Italien verbracht hatte, wurde er Gymnasiallehrer in Soest, später Direktor eines Gymnasiums in Schleiz und 1876 in Bad Hersfeld. Hier vollendete er sein Hauptwerk, das 1880 erschien und ihn berühmt machte: »Vollständiges orthographisches Wörterbuch der deutschen Sprache«. Erst über 20 Jahre später, 1902, wurden seine Regeln als für das Deutsche Reich verbindlich erklärt. Österreich-Ungarn und die Schweiz folgten kurze Zeit später. Konrad Duden starb 1911 in Wiesbaden und wurde in dem Familiengrab in Bad Hersfeld beigesetzt.

Ausstellungsraum mit Kopien bekannter Gemälde von Albrecht Dürer im Albrecht-Dürer-Haus in Nürnberg (großes Bild). In dem gut erhaltenen Fachwerkhaus wohnte der berühmte Künstler ab 1509 nahezu 20 Jahre lang.

Bildleiste unten, von links: Selbstporträt von 1498; das mächtige Dürer-Haus in der Nürnberger Altstadt; das zweiteilige Gemälde »Adam und Eva«

in der Dürer-Ausstellung 2013 im Städel Museum Frankfurt; »Maximilian I. von Österreich« (1519) im Kunsthistorischen Museum Wien.

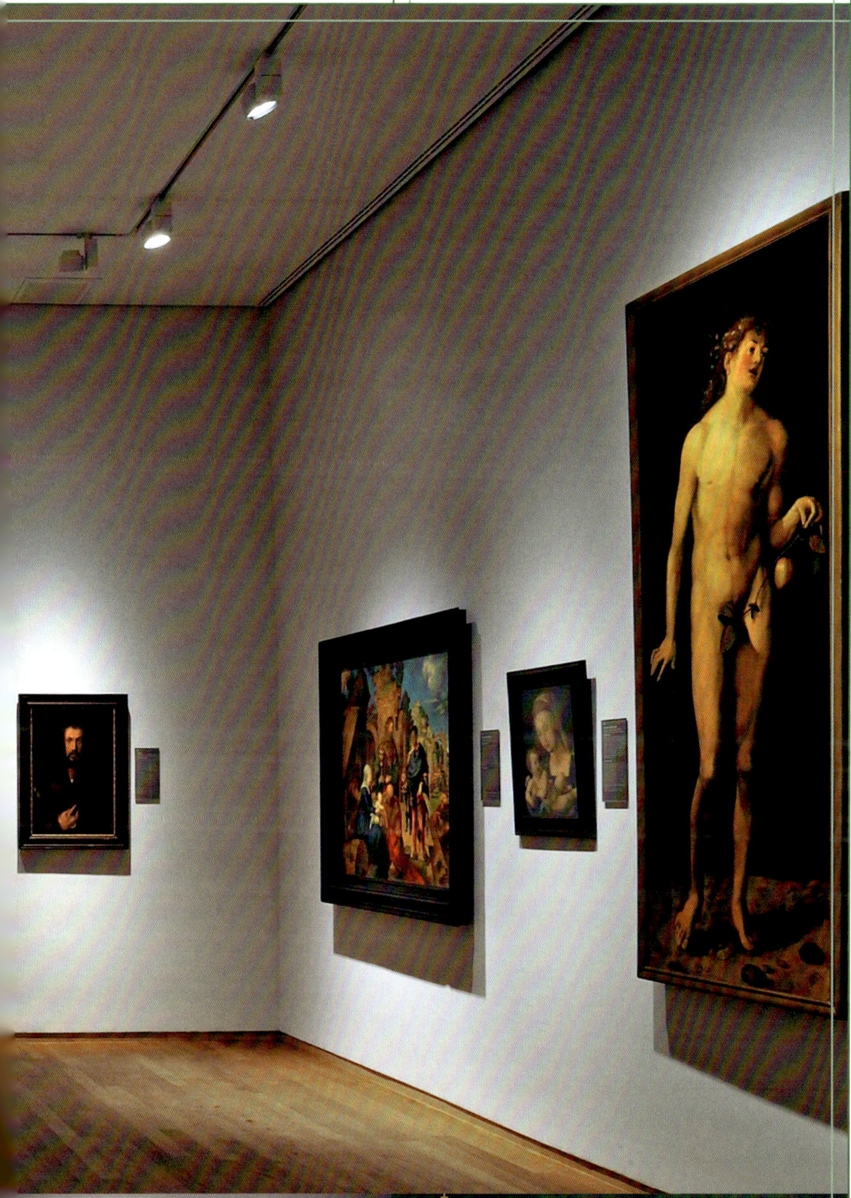

Er ist das größte deutsche Genie der Renaissance und wird in einem Atemzug genannt mit Michelangelo, Tizian oder Raffael: Albrecht Dürer (1471–1528). Seine Heimatstadt Nürnberg nennt sich nach ihrem größten Sohn sogar Albrecht-Dürer-Stadt. Ein Glücksfall ist, dass das prächtige Haus, in dem er geboren wurde und aufwuchs, die Kriege überdauert hat und besichtigt werden kann.

Dürers Vater war ein aus Ungarn eingewanderter Goldschmied, der es in Nürnberg zu Ansehen und Wohlstand gebracht hatte. Bei ihm lernte der junge Albrecht das Goldschmiedehandwerk, worauf er sich bei dem renommierten Nürnberger Maler Michael Wolgemut ausbilden ließ. Mit 19 begab er sich für vier Jahre auf Wanderschaft, unter anderem an den Oberrhein und ins Elsass. Ab etwa 1503 betrieb Dürer eine eigene Werkstatt für Druck und Kupferstich mit mehreren Mitarbeitern. Er selbst malte in dieser Zeit neben Naturbildern, wie dem berühmten »Hasen« oder dem »Großen Rasenstück«, auch viele Porträts und zahlreiche Selbstbildnisse. Seine handwerklich hervorragenden und künstlerisch anspruchsvollen Bilder machten ihn zunehmend berühmt. Als er sich 1505/06 in Venedig aufhielt, bot ihm der Stadtrat ein gutes Jahresgehalt, wenn er dauerhaft bleiben würde. Doch Dürer lehnte ab. Im Jahr 1509 wurde er in den Großen Rat der Stadt Nürnberg gewählt, zu deren angesehensten Bürgern er bald zählte und für die er zunehmend repräsentative Aufträge ausführte. Eine Reise in die Niederlande 1520/21 geriet zum Triumphzug. Fürsten, Gelehrte und Künstler huldigten ihm, die Stadt Antwerpen versuchte, ihn – ebenfalls erfolglos – mit viel Geld zum Bleiben zu bewegen. Im Jahr 1528 starb Dürer in Nürnberg an den Spätfolgen einer Malariainfektion.

Der Einsteinturm in Potsdam wurde nach Plänen von Erich Mendelsohn 1920–1924 im Auftrag der Einstein-Stiftung zur spektralanalytischen Forschung, insbesondere dem Nachweis der Einsteinschen Relativitätstheorie erbaut (großes Bild).

Wer kennt sie nicht? – die berühmte Formel (kleines Bild), mit der Einstein die Äquivalenz von Masse und Energie beschrieb. Nach diesem Prinzip kön-

nen Masse und Energie jeweils ineinander umgewandelt werden. 1905 gab Einstein sie als Nachtrag zu seiner Relativitätstheorie bekannt.

Albert Einstein (1879–1955) gilt als einer der größten Wissenschaftler aller Zeiten und als Inbegriff des Genies. Er war es, der im 20. Jahrhundert den wissenschaftlichen Begriff von Realität radikal veränderte. Sein origineller Geist und seine sympathische Person ließen ihn am Ende seines Lebens zu einer Art Superstar der Wissenschaft werden.

Einsteins Relativitätstheorie machte die geltende Vorstellung einer steten Zeit und eines gleichmäßigen, dreidimensionalen Raumes hinfällig. Er entdeckte, dass zwischen Raum, Zeit und Masse bzw. Energie eine Beziehung besteht, und formulierte die bis heute so irritierenden Erkenntnisse, dass Masse den Raum krümmen und die Zeit verlangsamen kann. Die Faszination vieler für Einstein rührt zum Teil wohl auch daher, dass er die meisten seiner revolutionären Erkenntnisse in relativ jungen Jahren als »Angestellter 3. Klasse« des Berner Patentamtes machte und erst danach zu akademischen Weihen gelangte. In seinem »Wunderjahr« 1905 veröffentlichte er fünf Aufsätze zu unterschiedlichen Themen, die sämtlich Geschichte schrieben, darunter neben der Speziellen Relativitätstheorie eine Arbeit zur Brown'schen Molekularbewegung und eine Arbeit zum Photoelektrischen Effekt, für die er 1921 den Nobelpreis erhielt. Ab 1914 arbeitete er in Berlin an der Preußischen Akademie der Wissenschaften. Während der Machtergreifung der Nationalsozialisten 1933 befand sich Einstein auf einer Vortragsreise in den USA und kehrte, da er Jude war, nicht mehr nach Deutschland zurück. Im selben Jahr wurde er in Princeton am Institute for Advanced Studies aufgenommen. Während des Zweiten Weltkrieges befürwortete er das Programm zur Entwicklung einer amerikanischen Atombombe, distanzierte sich später aber davon und warb engagiert für Abrüstung.

Queen Elizabeth II. bei einem Staatsbesuch in Westdeutschland (unten). Links im Bild neben ihr: der Bürgermeister Westberlins, Willy Brandt, rechts daneben Bundeskanzler Ludwig Erhard.

1962 traf Ludwig Erhard den US-Präsident John F. Kennedy im Weißen Haus (ganz unten). Kleine Bilder: der Wirtschaftswissenschaftler (Mitte) mit sei-

nem Buch »Deutschlands Rückkehr zum Weltmarkt« in den 1950er-Jahren (links); Ablichtung mit US-Präsident Lyndon B. Johnson (rechts).

Ludwig Erhard (1897–1977) gilt als Vater des »deutschen Wirtschaftswunders« und der sozialen Marktwirtschaft. In Adenauers CDU-Kabinetten war der bayerische Wirtschaftsfachmann ab 1949 durchgängig Bundesminister für Wirtschaft. 1963 übernahm er selbst das Amt des Bundeskanzlers.

Um den Mann mit der Zigarre rankt sich so manche Geschichte. Lange Zeit galt der 1925 in Frankfurt am Main zum Dr. rer. pol. promovierte Diplomkaufmann aus Fürth als klassischer Liberaler. Nach dem Krieg gelangte er rasch in hohe politische Ämter. So berief ihn die amerikanische Militärregierung zunächst zum Staatsminister für Handel und Gewerbe in die von einem SPD-Ministerpräsidenten geführte Bayerische Staatsregierung und betraute ihn später mit der Vorbereitung der Währungsreform. Ab dem Jahr 1948 war Erhard auf Vorschlag der FDP verantwortlich für die Wirtschaftspolitik in den westlichen Besatzungszonen. 1949 zog der Ökonom als direkt gewählter Abgeordneter des Wahlkreises Ulm ins Parlament ein. Als überzeugter Verfechter der Marktwirtschaft trug Erhard während seiner Ministerjahre harte Auseinandersetzungen mit dem Sozialpolitiker Adenauer aus, die 1957 im Streit um die Rentenreform gipfelten. Dennoch ernannte ihn der CDU-Regierungschef zu seinem Vize. Erhards Regierungszeit als Kanzler gilt als glücklos, obwohl die Union unter ihm 1965 den bis dahin zweitgrößten Wahlsieg ihrer Geschichte errang. In der Außenpolitik näherte sich Erhard mehr den USA, was ihm als Grund für die Abkühlung der deutsch-französischen Beziehungen vorgehalten wurde. Mit der Wirtschaftskrise verlor er weiter an Zustimmung und seine Partei an Wählerstimmen. 1966 trat er vom Amt des Bundeskanzlers zurück, blieb aber bis zu seinem Tod Bundestagsabgeordneter.

In »Die Sehnsucht der Veronika Voss« (1982) spielt Rosel Zech Veronika Voss in der Hauptrolle (großes Bild: mit Fassbinder, der in dem Film die Nebenrolle eines Kinobesuchers innehat). Zech wurde mit dem Film über Nacht berühmt.

Rainer Werner Fassbinder (im Porträt rechts, von Werner Opitz) führte auch bei »Die bitteren Tränen der Petra von Kant« (1972) Regie (Bildleiste Mitte:

Irm Hermann und Hanna Schygulla). In Wolf Gremms »Kamikaze« (1982) spielte Fassbinder die letzte Rolle vor seinem Tod im Juni desselben Jahres.

Rainer Werner Fassbinder (1945–1982) verkörperte wie kein anderer Filmemacher das Äußerste, was in der »alten« Bundesrepublik zur Zeit der Aufbruchstimmung der 1960er- bis 1980er-Jahre an dramatischer und exzessiver Kunst möglich war.

Seine Schaffenskraft war maßlos und selbstzerstörerisch: In 14 Jahren drehte Fassbinder 45 Filme, für die meisten schrieb er auch das Drehbuch und (ko-)produzierte mehr als die Hälfte von ihnen. Er schrieb oder bearbeitete 20 Theaterstücke, setzte 25 Stücke selbst in Szene und verfasste vier Hörspiele. Wie ein Balzac der Nachkriegszeit schuf er ein Kaleidoskop von Figuren, in denen sich die Gesellschaft spiegelt, die aber trotzdem zeitlos gültig sind. Geboren am 31. Mai 1945 in Bad Wörishofen, wuchs er bei der Mutter auf und zog mit 16 Jahren zum Vater. Nach vergeblichen Versuchen, an einer Filmhochschule aufgenommen zu werden oder eine Schauspielerprüfung zu bestehen, begann er in München, auf eigene Faust Theater und Filme zu machen. Ersten Kurzfilmen folgten 1969 der Aufsehen erregende Spielfilm »Liebe ist kälter als der Tod« (1969) und das Theaterstück »Katzelmacher« (1968), danach jedes Jahr mehrere Projekte. Zwischen 1979 und 1981 erlangte er innerhalb weniger Jahre mit dem Monumentalwerk »Berlin Alexanderplatz« (1980), mit »Lili Marleen« (1981), »Lola« (1981) und »Die Sehnsucht der Veronika Voss« (1982) endgültig eine herausragende Stellung im neuen deutschen Film. Am 10. Juni 1982 starb er im Alter von 37 Jahren in München an einer Überdosis Kokain. Einige seiner Filmtitel sind geflügelte Worte geworden: »Acht Stunden sind kein Tag«, »Angst essen Seele auf« oder »Ich will doch nur, dass Ihr mich liebt«. Fassbinder gilt als einer der wichtigsten Vertreter des Neuen Deutschen Films.

Durch Beschreibungen der Landschaft, des Junkertums oder des allgegenwärtigen Militarismus hielt Fontane die Lebensumstände in seiner Heimat Preußen für die Nachwelt fest (unten: Theodor-Fontane-Archiv und Schlosspark Hoppenrade).

Mit dem Denkmal des wandernden Fontane, der mit dem Stift in der Hand Rast hält, erinnert Neuruppin an seinen berühmten Sohn sowie an sein

Reisetagebuch »Wanderungen durch die Mark Brandenburg« (großes Bild). 1907 war das Denkmal von Max Wiese geschaffen worden.

Fontane und Brandenburg – man kann kaum das eine sagen, ohne das andere zu denken: »Wanderungen durch die Mark Brandenburg«, »Herr von Ribbeck auf Ribbeck im Havelland«, »Der Stechlin«... Kein anderer großer deutscher Schriftsteller ist derart in einer Landschaft verwurzelt wie Theodor Fontane (1819–1889).

Fontane kam 1819 in Neuruppin als Sohn eines Apothekers zur Welt, wuchs in Swinemünde auf und machte in Berlin eine Apothekerlehre. Währenddessen veröffentlichte er mit 19 Jahren bereits seine erste Novelle. In den darauffolgenden zehn Jahren arbeitete er an verschiedenen Orten als Apothekergehilfe, überstand eine Typhuserkrankung, erhielt die Approbation als Apotheker und schrieb regelmäßig. Die sich seit 1847 verschärfende Revolution politisierte auch ihn, und er kämpfte zeitweilig auf den Barrikaden. 1849 entschloss er sich, nicht mehr als Apotheker zu arbeiten, sondern nur noch zu schreiben. Im Jahr darauf heiratete er seine langjährige Verlobte Emilie. Zunächst produzierte Fontane vor allem Texte für Zeitungen, auch Auslandsberichte, Theaterkritiken und Kriegsreportagen wie die vom Schleswig-Holsteinischen Krieg 1864 oder vom Deutsch-Französischen Krieg 1870/71. Seit 1862 schrieb er mehr als anderthalb Jahrzehnte an den »Wanderungen durch die Mark Brandenburg«. Ende der 1870er-Jahre verabschiedete er sich vom Journalismus und konzentrierte sich ganz auf die Literatur. Es entstanden Werke wie »Irrungen, Wirrungen« (1888), »Stine« (1890), »Effi Briest« (1894), »Die Poggenpuhls« (1896) und »Der Stechlin« (1898). Fontane starb im September 1898 nach längerer Krankheit. Auf dem Friedhof II der Französisch-Reformierten Gemeinde in Berlin befindet sich sein Ehrengrab.

Bildleiste unten, von links: Anne Franks Grab in Celle; das Versteck der Familie Frank in Amsterdam (heute ein Museum); Eingang zum Anne Frank Zentrum im denkmalgeschützten »Haus Schwarzenberg« in Berlin-Mitte.

Anne Fran

A History for Today

Im Jahr 2014 hielt das australische Bonegilla Migrant Experience Museum, ein früheres Lager für Einwanderer, eine internationale Ausstellung über

Anne Frank ab (großes Bild). Die Geschichte der jungen Frau bewegt Menschen rund um den Globus bis heute.

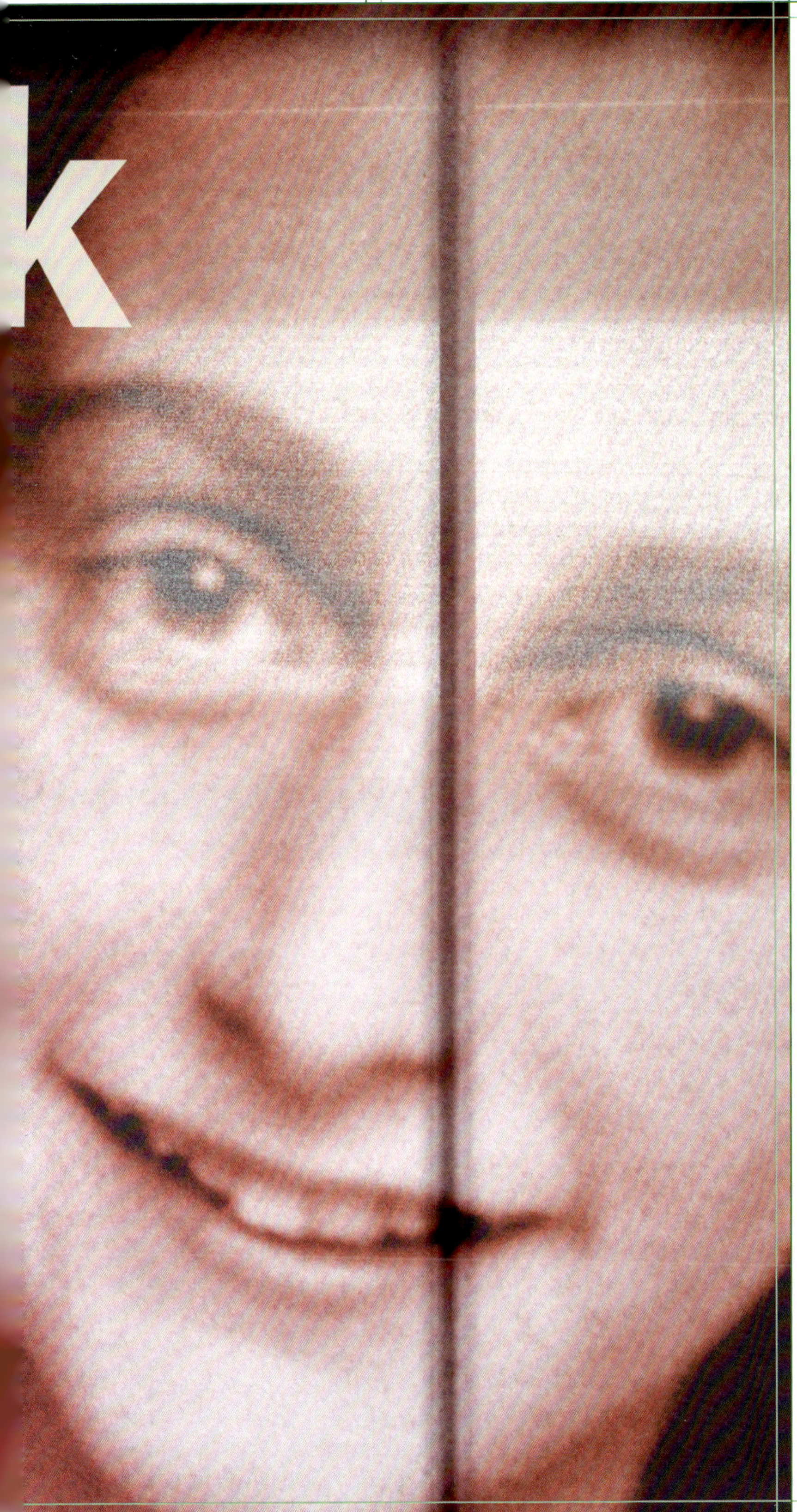

Die Tagebücher sind ihr Vermächtnis. Millionen von Menschen in aller Welt haben durch sie die Leiden und die Angst der jungen Anne Frank (1929–1945) miterlebt – ihre Flucht vor den Nationalsozialisten, ihr jahrelanges Leben im Versteck und schließlich ihr trauriges Ende in einem Konzentrationslager.

Anne Frank wurde am 12. Juni 1929 in Frankfurt am Main in einer jüdischen Familie geboren. Bereits vier Jahre später, einige Monate nach der Machtergreifung der Nationalsozialisten 1933, verließ die vierköpfige Familie Deutschland und zog nach Amsterdam. Doch auch dort holte sie die Judenverfolgung ein, und sie bezogen mit vier weiteren Personen ein vorbereitetes Versteck, ein Zimmer, das nur durch eine Geheimtür in einem Lagerhaus zugänglich war. Mehr als zwei Jahre lang, von Juli 1942 bis August 1944, lebten die acht Menschen in dem Hinterhaus in der Prinsengracht 263. Die ganze Zeit über führte Anne Tagebuch. Sie beschrieb das Leben im Versteck, die Unruhe, die ständige Angst und den Stress unter den Bewohnern; das Leiden, wenn draußen schönes Wetter war und man nicht raus durfte; die Unsicherheit über die Weltlage; das Radiohören als der einzigen Verbindung nach draußen. Aber Anne schrieb auch über ihre Gefühle, ihre Gedanken über das Leben und ihre erwachende Sexualität. Ihre Aufzeichnungen zeugen von großem schriftstellerischen Talent. Im August 1944 wurden die Versteckten verraten und in verschiedene Konzentrationslager gebracht. Anne Frank starb im Februar oder März 1945 im KZ Bergen-Belsen vermutlich an Typhus. Auch alle ihre früheren Mitbewohner, mit Ausnahme des Vaters Otto Frank, kamen um. Bereits 1947 erschienen Annes Aufzeichnungen, »Das Hinterhaus« (Originaltitel: »Het Achterhuis«), in den Niederlanden.

Wandbild des Friedrich Barbarossa im Kampf gegen die islamische Armee (Schlacht bei Iconium, 1190) im Kaisersaal in der Kaiserpfalz Goslar (großes Bild). Hermann Wislicenus schuf von 1877 bis 1897 insgesamt 68 Ölgemälde für den Bilderzyklus.

Reiterstandbild Friedrichs I. vor der Kaiserpfalz in Goslar (rechts). Die beeindruckende Anlage ist seit dem Jahr 1992 UNESCO-Welterbe. Das

Kaiserhaus, der größte mittelalterliche (11. Jh.) Profanbau Deutschlands, steht Besuchern täglich offen. Führungen werden ebenfalls angeboten.

FRIEDRICH I. BARBAROSSA

Von Kaiser Friedrich I. (1122–1190), wegen seines roten Bartes Barbarossa genannt, geht die Sage, dass er in einer Höhle in dem Berg Kyffhäuser sitzt und auf seine Wiederkehr wartet. Kleiner Haken an der Geschichte: Sie wurde gar nicht für Barbarossa erdacht, sondern für dessen Enkel Friedrich II.

Aber wie das so ist bei mythischen Figuren: Sie ziehen nicht nur Menschen und Ereignisse an, sondern auch Geschichten. Barbarossa war offenbar charismatisch, gutaussehend, maßlos in vielerlei Hinsicht und besaß die Gabe, andere zu begeistern. Er führte fast permanent Krieg. Mit 25 wurde er als Nachfolger seines Vaters Herzog von Schwaben, und bereits fünf Jahre später, als sein Onkel Konrad III. starb, deutscher König. Seine Regierung wurde bestimmt von Dauerkonflikten mit dem Papst und den oberitalienischen Städten, aber auch mit innenpolitischen Konkurrenten wie seinem Cousin Heinrich dem Löwen, dem späteren Herzog von Bayern. Beim Kampf zwischen der Stadt Rom und Papst Hadrian IV. schlug er sich zunächst auf die Seite des Papstes und ließ sich dafür im Jahr 1155 von ihm zum Kaiser krönen. Dennoch entfremdeten sich Friedrich und das christliche Oberhaupt zunehmend, und als Hadrian IV. 1159 starb, führten widerstreitende Ansprüche zur Kirchenspaltung, dem sogenannten Schisma. 1189 brach der hochbetagte Barbarossa gemeinsam mit dem englischen König Richard I. und mit Philipp II. von Frankreich zum Kreuzzug auf. Im Juni 1190 ertrank er im Fluss Saleph (in der heutigen Südosttürkei), der heute Göksu heißt. Seine Überreste sollten nach Jerusalem überführt werden, wurden aber an unbekannter Stelle bestattet. Sein bis heute unbekannter Begräbnisort trägt vermutlich zur Berühmtheit Barbarossas bei.

Bildleiste unten, von links: Adolf Menzels »Flötenkonzert Friedrichs des Großen in Sanssouci« (1852), Alte Nationalgalerie, Berlin; »Porträt König Friedrichs II. von Preußen« (Heinrich Christian Franke, 1763).

Das von Christian Daniel Rauch geschaffene Reiterstandbild König Friedrichs II. wurde im Jahr 1851 errichtet. Heute steht es auf dem Berliner

Boulevard Unter den Linden. Den Bewohnern der Stadt ist das monumentale Denkmal auch unter dem Namen »Alter Fritz« bekannt.

Er ist immer noch der beliebteste deutsche König, erkennbar an dem kumpelhaften Beinamen »der alte Fritz«: Friedrich II. von Preußen (1712–1786), genannt der Große.

Im Europa des 18. Jahrhunderts erregte Friedrichs straff organisierter, ehrgeiziger kleiner Staat einiges Aufsehen: Während ansonsten jeder Provinzfürst dem französischen »Sonnenkönig« Ludwig XIV. nacheiferte und an seinem eigenen Versailles bastelte, verkündete Friedrich: »Ich bin der erste Diener meines Staates.« Er schaffte die Folter ab, erlaubte Religionsfreiheit, ließ Einwanderer ins Land, legte Brachland wie das Oderbruch trocken, schränkte die Zensur ein und verfügte, dass Beamte alle Bürger gleich behandeln mussten. In späteren Jahren verfasste König Friedrich II. außerdem historisch-philosophische und sogar poetische Texte. Trotzdem hatte das Militär absolute Priorität – in dieser Hinsicht war er ganz der Sohn seines Vaters, des »Soldatenkönigs« Friedrich Wilhelm I., gegen dessen autoritäre Erziehung er sonst rebellierte. Seinen Beinamen bekam Friedrich der Große aber nicht wegen seines aufgeklärten Regierungsstils, sondern wegen seines Einsatzes im Siebenjährigen Krieg (1756–63). Diese Schlacht gegen alle großen Nachbarn hatte Preußen schon so gut wie verloren, als sich in letzter Sekunde das Blatt wendete und Russland nach dem Tod der Zarin Elisabeth auf Preußens Seite schwenkte. Plötzlich war das kleine Preußen zur europäischen Großmacht geworden. Friedrich starb im Jahr 1786. Sein Nachfolger Friedrich Wilhelm II. ließ ihn aber, nicht wie gewünscht, auf der Terrasse von Sanssouci begraben, sondern in der Gruft der Potsdamer Garnisonkirche. Erst im Jahr 1991 wurde sein Sarg nach Sanssouci überführt und sein Wille damit endlich erfüllt.

Caspar David Friedrich griff das Thema Schiffbruch einige Male auf, so auch in »Das Eismeer« (1823/1824). Hier liegt ein Schiff unter gewaltigen Eismassen begraben (unten). Ausgestellt ist das Gemälde in der Hamburger Kunsthalle.

Rechte Bildleiste: Der »Wanderer über dem Nebelmeer« (1818) gilt als Sinnbild der romantischen Malerei (oben); »Dorflandschaft bei Morgenbeleuch-

tung« (Mitte) und »Mondaufgang am Meer« (ganz unten) stammen beide aus dem Jahr 1822 und befinden sich in der Nationalgalerie Berlin.

Caspar David Friedrich (1774–1840) ist der Landschaftsmaler der deutschen Romantik schlechthin. Seine Gemälde sind der Inbegriff empfindsamer Naturauffassung und symbolhaft-religiöser Weltsicht.

Der Maler wurde 1774 in Greifswald als Sohn eines Kerzengießers geboren, erhielt ab 1790 privaten Zeichenunterricht und studierte dann an der Akademie in Kopenhagen. 1798 ging er nach Dresden, wo er mit seiner Frau Caroline und den drei Kindern bis zu seinem Tod lebte. Die Landschaft Rügens beflügelte in den ersten Jahren seine künstlerische Entwicklung. Später waren es die Sächsische Schweiz, das Riesengebirge, der Harz oder die Berge Böhmens, die ihn inspirierten. Allein oder in Begleitung eines Künstlerfreundes durchwanderte er diese Landschaften und schärfte dabei seinen Blick, eine Mischung aus tiefreligiöser, introvertierter Innenschau und präziser Naturbeobachtung. Er pflegte Kontakt zu Goethe sowie Vertretern der literarischen Romantik und war mit dem Dichter-Arzt Carl Gustav Carus und dem norwegischen Maler Johan Christian Clausen Dahl befreundet. Erst 1807 wandte er sich, der bis dahin meist mit Sepiatusche gezeichnet hatte, der Ölmalerei zu. Sein erstes Werk in dieser Technik, »Das Kreuz im Gebirge«, löste scharfe Kontroversen aus, machte ihn aber zugleich berühmt und brachte wichtige Auftraggeber und Mäzene. 1810 und 1817 wurde er zudem Mitglied der Berliner bzw. Dresdner Akademie. Nach und nach war seine frühromantische Stimmungsmalerei weniger gefragt: Der Zeitgeschmack hatte sich gewandelt. 1835 erlitt Caspar David Friedrich einen Schlaganfall, 1840 starb er in Dresden. Spätere Künstler wie Courbet, Böcklin oder Munch zeugen vom Einfluss, den er auf die kommenden Generationen ausübte.

Die Fuggerei in Augsburg ließ Jakob Fugger auf dem Höhepunkt seiner Macht bauen, um seinen Reichtum zur Mildtätigkeit zu nutzen. Noch heute werden die Wohnungen unter sozialen Gesichtspunkten vermietet (großes Bild).

Bildleiste rechts, von oben: Denkmal Jakob Fuggers in der historischen Sozialsiedlung; ein original eingerichtetes Schlafzimmer kann im Fuggerei-

museum in Augsburg besichtigt werden; Hochaltar mit Altarblatt von Jacopo Palma il Giovane im Innenraum der Markuskirche.

Er war mit Sicherheit einer der geschicktesten Unternehmer aller Zeiten – und auf jeden Fall der erste in Mitteleuropa, der in ganz großem Stil Geschäfte machte und dabei auch politisch einflussreicher wurde als Fürsten und Könige: Jakob Fugger II., genannt »der Reiche« (1459–1525).

Als Spross einer alteingesessenen Augsburger Unternehmerfamilie wurde er im selben Jahr geboren wie der kommende Kaiser Maximilian II. – später einmal sein größter Schuldner. Schon als 20-Jähriger baute er für die Familie in Rom eine Bankniederlassung auf. Hier zeigte sich sofort sein Geschick, zu Papst, Kaiser und mächtigen Familien wie den Medici Beziehungen zu knüpfen und sie bei Bedarf gegeneinander auszuspielen. Offene Kredite ließ er sich mit Kupfer- und Silberminen bezahlen und kaufte weitere dazu, sodass er ab 1511 ein Monopol besaß. Transportiert wurde das Metall unter Umgehung der mächtigen Venezianer auf eigene Faust. Hinzu kamen Textilunternehmen, Gewürzhandel und der lukrative katholische Ablasshandel, für dessen Organisation die Fugger die Hälfte der Gelder einstrichen. Nach der Wahl Carlos' von Spanien zum deutschen Kaiser Karl V., die in einem offenen Bietergefecht zwischen den mächtigsten Finanziers ausgehandelt wurde, war Jakob Fugger auf der Höhe seiner Macht. Der Kaiser hatte sich bei ihm so verschuldet, dass er z. B. die Eroberungszüge in Südamerika unternahm, um das legendäre Aztekengold zu rauben. 1514 bis 1523 baute Jakob in Augsburg die Fuggerei, die älteste Sozialsiedlung der Welt, die heute noch besteht. 1525 starb er und wurde in der Fuggerkapelle in der Kirche St. Anna bestattet. Wie sehr die Stadt Augsburg bis heute von den Fuggern geprägt ist, zeigen z. B. der Stadtpalast oder der Damenhof in den Fuggerhäusern.

Das 1899 enthüllte Denkmal der beiden Erfinder Gauß und Weber steht heute im Parkstreifen der Bürgerstraße in Göttingen. Der Bildhauer Ferdinand Hartzer (1838–1906) hatte das Doppelstandbild geschaffen.

Zusammen mit Wilhelm Weber (die stehende Figur im Bild unten) erfand Carl Friedrich Gauß den Nachbau des Gauß-Weber-Telegrafen – der ersten

Telegrafenverbindung der Welt. Gauß' Porträt (rechts), gemalt von Christian Albrecht Jensen um 1840, ist heute im Moskauer Puschkin-Museum zu sehen.

Er war der größte Mathematiker, den Deutschland hervorgebracht hat: Carl Friedrich Gauß (1777–1855). Schon zu Lebzeiten wurde er als »Fürst der Mathematiker« gerühmt.

Gauß ist einer jener Fälle, in denen der Funke des Genies unerwartet aufblitzt: Seine Eltern waren einfache Leute, nichts deutete auf das Wunderkind hin. Berühmt ist die Anekdote, wie er als Grundschüler die Zahlen von 1 bis 100 zusammenzählen sollte und auf die Idee verfiel, Zahlenpaare zu bilden: 1+100, 2+99, 3+98 usw. Binnen Minuten hatte er die Lösung. Der Herzog von Braunschweig förderte ihn, ermöglichte ihm das Studium und eine feste Anstellung; nach dessen Tod wechselte er nach Göttingen, wo er Direktor der neugeschaffenen Sternwarte wurde. Dort lebte er ab dem Jahr 1816 bis zu seinem Tod. Was Gauß alles entdeckte und entwickelte, ist kaum überschaubar. Mathematiker, Physiker und Astronomen kennen Dutzende von Formeln und Verfahren, die auf ihn zurückgehen, von der Gauß'schen Normalverteilung in der Wahrscheinlichkeitsrechnung über das Gauß'sche Fehlerintegral und das Prinzip des kleinsten Zwanges bis zu den Gauß-Krüger-Koordinaten der Topografie. Seine Verfahren zur Berechnung der Planetenbahnen, 1809 veröffentlicht, sind bis heute gültig. Doch Gauß war nicht nur ein brillanter Theoretiker, sondern auch ein Mann der Tat, dem es Spaß machte, bei den Arbeiten zur Triangulierung, der damals entstandenen Methode der Landvermessung, auf Kirchtürmen und Bergspitzen herumzuklettern und das Verfahren ständig zu verbessern, etwa durch die Entwicklung des Heliotropen, eines mit einem Sonnenspiegel ausgestatteten Messinstruments. Manche seiner Erkenntnisse vertraute er nur seinen Tagebüchern an, die erst nach seinem Tod am 23. Februar 1855 gefunden wurden.

In Weimar befindet sich das Goethehaus am Frauenplan, in dem u. a. das Büstenzimmer (großes Bild unten) besichtigt werden kann. Dieses wurde nachträglich gebaut und verbindet die vordere mit der hinteren Haushälfte.

Rechte Bildleiste, von oben: Leipziger Naschmarkt mit Goethe-Denkmal am Abend; in Frankfurter Städel-Museum hängt das berühmteste Goethe-Bild,

das Heinrich Tischbein 1787 schuf; Goethes Arbeitszimmer im Goethehaus am Frauenplan; das Goethe-und-Schiller-Denkmal in Weimar.

Welche Schaffenskraft, welche unglaubliche Mischung aus Disziplin und Leichtigkeit! Johann Wolfgang von Goethe (1749–1832) war schon für seine Zeitgenossen und ist noch für uns heute der größte deutsche Dichter.

Mit 22 Jahren hatte er bereits das Juraexamen geschafft und dazu einen Studienortswechsel und ein Zerwürfnis mit dem Vater hinter sich gebracht sowie nebenbei ein Kriminalstück geschrieben. 1773 veröffentlichte er den »Götz von Berlichingen« im Selbstverlag und, von dessen Erfolg beflügelt, kurz darauf »Die Leiden des jungen Werthers«. So war er mit 24 bereits ein Star der damaligen Literaturszene. Herzog Karl August von Sachsen-Weimar-Eisenach bot dem jungen Genie eine Stelle an seinem Hof in Weimar an. Dort sollte Goethe nicht allein den »Musenhof« bereichern, sondern politische Aufgaben übernehmen. Als »Geheimer Legationsrat« hatte er die Finanzen unter sich, zeitweise auch das Bildungswesen, den Bergbau und die Leitung des Hoftheaters. Und als wäre es ein Hobby, schrieb er nebenbei ein Stück Weltliteratur nach dem anderen, korrespondierte mit den bedeutenden Geistern der Zeit, trieb naturwissenschaftliche Studien und pflegte einige Jahre lang eine intensive Freundschaft mit Friedrich von Schiller, die man später als Nukleus der »Weimarer Klassik« betrachtete. Seinen Ruf als Inbegriff des deutschen Dichters erwarb er vor allem mit dem »Faust« (1808), dieser sehr deutschen Parabel auf den Ehrgeiz, die Lust, das Sehnen, Streben, mit all seinen Höhen und Tiefen: »Wer immer strebend sich bemüht, den können wir erlösen.« 1832, ein Jahr nach der Vollendung des zweiten Teils, starb der »Dichterfürst« – ein inoffizieller Titel, der erst ein Jahrhundert später wieder einem Schriftsteller verliehen werden sollte: an Thomas Mann.

Die Anna-Amalia-Bibliothek in Weimar im Zustand vor dem Brand im Jahr 2004. Von 1797 an führte Goethe (sein Porträt in der Bildmitte) die Oberaufsicht über die Bibliothek und ließ sie zu einer der wichtigsten ihrer Art in Deutschland ausbauen.

Werke der Literatur- und Kulturgeschichte, vor allem deutsche Literatur des beginnenden 19. Jahrhunderts, sowie Bücher vom 9.–21. Jahrhundert

befinden sich unter den eine Million Schätzen des Bestands. Die Anna-Amalia-Bibliothek ist der Öffentlichkeit zugänglich.

Kleines Bild unten: Das beschauliche Oberaußem, ein Stadtteil von Bergheim, fand durch »Die Blechtrommel« Eingang in die Weltliteratur. Dort soll Günter Grass nach dem Krieg eine Weile lang gelebt haben.

David Bennent als Oskar in Volker Schlöndorffs oscarprämiertem und vielfach ausgezeichnetem Film »Die Blechtrommel« (1979) nach dem

gleichnamigen Roman von Günter Grass (großes Bild). Das dreiteilige Buch brachte im Jahr 1959 den Durchbruch für den Schriftsteller.

Mit einem Trommelwirbel sprang 1959 der kleine Oskar Matzerath auf die Bühne der Weltliteratur und machte damit auch seinen Schöpfer schlagartig berühmt: den bis dahin nur Insidern bekannten deutschen Schriftsteller Günter Grass (1927–2015).

Günter Grass wurde 1927 in Danzig geboren und begann – nach Kriegsdienst und Gefangenschaft – in Düsseldorf und Berlin Kunst zu studieren, vor allem Bildhauerei und Grafik. Nebenbei schrieb er Gedichte, Erzählungen und Theaterstücke. Gleich sein erster Roman, »Die Blechtrommel« (1959), wurde zum Welterfolg. Die genial angelegte Figur des Oskar Matzerath, der aus Protest gegen die korrupte Welt im Alter von drei Jahren zu wachsen aufhört und fortan mit seiner Blechtrommel Alarm schlägt, wo die Erwachsenen es sich in ihrer Verlogenheit bequem eingerichtet haben, verstörte und begeisterte das Publikum zugleich. Grass' Lust am Erzählen, die barocke Üppigkeit des Romans und die Art und Weise, wie er die Widersprüche der Gesellschaft, die Zeit des Nationalsozialismus und die Schrecken des Krieges thematisierte, stachen aus der zaghaften deutschen Nachkriegsgesellschaft heraus. Die Schubkraft der Geschichte war so stark, dass sie später der Verfilmung (1979) durch Volker Schlöndorff zum Oscar verhalf. Es zeigt die Stärke von Grass, dass er an der Bürde eines solch erfolgreichen Erstlings nicht zerbrochen ist – der Nobelpreis 1999 war auch dafür die Anerkennung. Er schrieb Lyrik, Novellen und Romane, Theaterstücke und Essays, mischte sich in die Politik ein, machte Wahlkampf für Willy Brandt und erhob stets die Stimme, wenn ihn etwas wütend machte. Dabei lag ihm das Spontane stets mehr als das Ausgewogene. Aber Grass war schließlich nicht in erster Linie Stilist, sondern Romancier.

In Hanau, dem Geburtsort der Brüder Jacob (1785) und Wilhelm (1786), sind die Brüder Grimm durch das Nationaldenkmal auf dem Neustädter Marktplatz seit 1896 verewigt (großes Bild unten: Jacob stehend, Wilhelm sitzend).

Eine der berühmtesten Erzählungen, die die Grimms veröffentlichten, ist die der »Bremer Stadtmusikanten« aus dem Jahr 1819. Eine Skulptur der vier

Haustiere, 1953 geschaffen von Gerhard Marcks, steht heute vor dem Rathaus in Bremen und ist das Wahrzeichen der Stadt (kleines Bild).

Sie existieren im öffentlichen Bewusstsein eigentlich nur als Paar: Jacob und Wilhelm Grimm (1785–1863 bzw. 1786–1859), die berühmten Märchensammler, Sprachforscher, Übersetzer und Germanisten.

Geboren im Abstand von einem Jahr in Hanau als älteste Söhne einer Beamten- und Pastorenfamilie, verbrachten die beiden fast ihr gesamtes Leben gemeinsam: die Kindheit in Steinau, die Schule in Kassel und das Studium in Marburg, eine arbeitsreiche Phase in Kassel und Göttingen, wo sie als Bibliothekar bzw. Sekretär angestellt waren und ihre ersten sprachwissenschaftlichen Aufsätze sowie Märchensammlungen veröffentlichten. Gemeinsam wurden sie aus Göttingen ausgewiesen, weil sie sich als Teil der berühmten »Göttinger Sieben« (gemeint sind sieben Professoren) politisch für Freiheit und Demokratie engagiert hatten. In Berlin schließlich lebten beide ab 1841, wo sie recht bald nacheinander starben: Wilhelm 1859, Jacob 1863. Sie ergänzten sich perfekt – Jacob war der Ungestüme, der Macher, Wilhelm der Besonnenere, der Feinarbeiter. Ihre Märchen, die sie nicht selbst erfanden, sondern dem einfachen Volk »vom Maul abschauten«, sind so bekannt, dass sie in das Welterbe der UNESCO aufgenommen wurden. Ihr Ruf wäre nicht so umfassend, wenn sie nicht auch auf wissenschaftlichem Gebiet Hervorragendes geleistet hätten. Sie haben die systematische deutsche Sprachwissenschaft begründet, die Mythenforschung und die Namenskunde entscheidend beeinflusst. Jacob Grimms »Deutsche Grammatik« (1819) war ein bahnbrechendes Werk, und ihr »Deutsches Wörterbuch« (1. Band 1838), das den gesamten Sprachschatz der Luther- bis Goethezeit erfasste, 1838 begonnen und erst 1961 von anderen beendet, ist weltweit einzigartig. Bis heute.

Eines der Meisterhäuser von Walter Gropius in der Nähe des Dessauer Bauhauses (großes Bild). Der Grafiker Georg Muche sowie der Maler und Bildhauer Oskar Schlemmer, die an der Bauhaus-Schule unterrichteten, wohnten einmal hier.

Rechte Bildleiste, von oben: Gropius entwarf das Dessauer Bauhaus als Gebäude der Kunstgewerbe- und Handwerkerschule im Jahr 1925;

Treppenaufgang im Bauhaus; Direktorenzimmer. Auch das Bauhausarchiv in Berlin wurde 1976–1979 nach Plänen von Gropius erbaut (ganz unten).

Walter Gropius (1883–1969) war einer der Begründer des Bauhauses und zugleich einer der wichtigsten Vertreter der Moderne in der Architektur.

Gropius trat 1907 in das Büro von Peter Behrens in Berlin ein, wo er einige bedeutende Architekten kennenlernte, darunter Le Corbusier und Mies van der Rohe. 1910 machte er sich als Architekt und Industriedesigner selbstständig. Gleich sein erster großer Auftrag geriet zu einem Meilenstein der deutschen Industriearchitektur: das Fagus-Werk in Alfeld an der Leine, das er ab 1911 mit Adolf Meyer baute. Mehrere Gestaltungselemente, die Gropius und Meyer hier entwickelten, setzten sich rasch weltweit durch: die Glasfassade, die kubischen Formen sowie schließlich die Skelettbauweise der Stahlträger, die das Gebäude leicht und elegant wirken lassen. Das Werk, das inzwischen eine Schuhleistenfertigung und ein Schuhmuseum beherbergt, ist aufwendig restauriert und kann besichtigt werden. Im Jahr 1919 wurde Walter Gropius zum Direktor der großherzoglich-sächsischen Hochschule für Bildende Kunst in Weimar ernannt, die er in »Staatliches Bauhaus« umbenannte und in den 1920er-Jahren zu Weltgeltung führte. 1934 floh er vor den Nationalsozialisten nach England und weiter in die USA, wo er Professor für Architektur in Harvard wurde. Nach dem Krieg verwirklichte Gropius wieder einige Projekte in Deutschland, so ein Hochhaus im Berliner Hansaviertel. Gropius spielt auch in der Musikgeschichte eine gewisse Rolle: Im Jahr 1910 lernte er seine spätere Frau Alma Mahler, die Gattin des Komponisten Gustav Mahler, kennen, was eine tiefe Ehekrise bei den Mahlers hervorrief. Später setzte Alban Berg Gropius' früh verstorbener Tochter Manon mit seinem Violinkonzert ein bewegendes Denkmal.

Das Unterlinden-Museum (Musée d'Unterlinden) in Colmar ist ganz dem Isenheimer Altar gewidmet. Grünewalds Hauptwerk zieht riesige Besucherströme an, sodass das Museum nach dem Louvre das zweitbestbesuchte in Frankreich sein soll.

Die erste Schauseite des Wandelaltars (unten), die man während der Oster- und Fastenzeit sah, zeigt die Kreuzigung Christi. Auf dem rechten Flügel

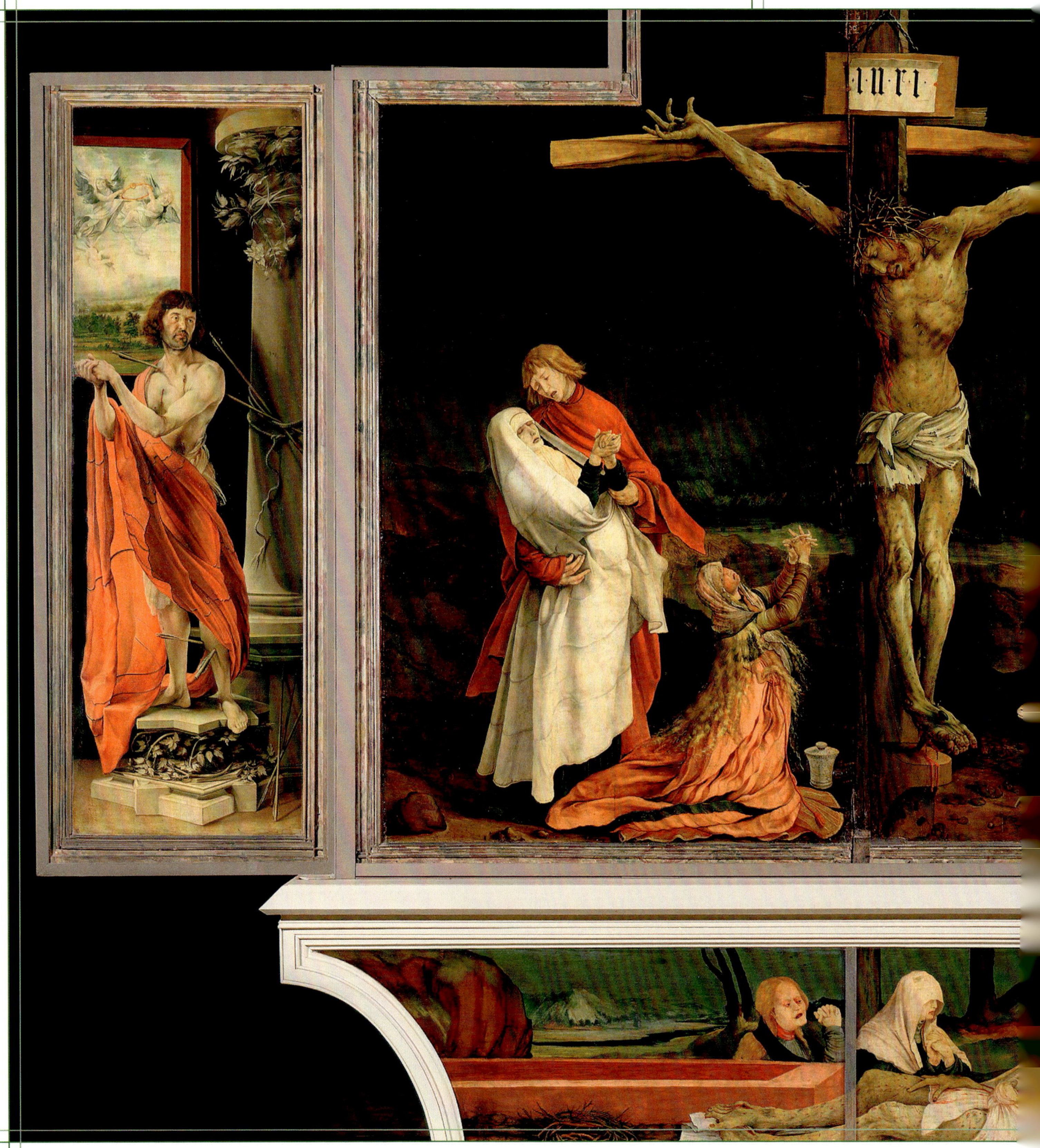

ist der hl. Antonius, der Schutzheilige der Antoniter, zu sehen, links: der hl. Sebastian. Unterhalb der Kreuzigungsszene wird Jesus zu Grabe gelegt.

Der Mann, den die Welt als Matthias Grünewald (um 1480–1528) kennt und der mit dem Isenheimer Altar eines der großartigsten Werke der deutschen Malerei geschaffen hat, hieß in Wahrheit wahrscheinlich ganz anders: nämlich Mathis Gothart, zuweilen noch mit dem Zusatz Nithart. Das hat die Forschung der letzten Jahre ergeben.

Der Name Grünewald entstand wohl durch den Fehler eines Biografen. Nicht der einzige Irrtum: Manche seiner Werke wurden früher Albrecht Dürer zugeschrieben. Das Geburtsdatum von Matthias Grünewald ist unbekannt, über Herkunft, Jugend und Ausbildung weiß man wenig, und auch in seinem späteren Lebenslauf gibt es viele Unsicherheiten. Seine Bilder stehen an einem Wendepunkt der Kunstgeschichte. Mit ihrer tiefen Religiosität und ihrem reichen Fundus an christlicher und mystischer Symbolik wurzeln sie noch in der Welt der Gotik. Der präzise Blick dagegen, die Stärke des individuellen Ausdrucks, die Raumaufteilung und der Umgang mit dem Licht zeigen an, dass Meister Mathis schon ein Zeitgenosse der Renaissance war. Ab etwa 1510 muss er an seinem Hauptwerk, dem Isenheimer Altar, gearbeitet haben, der heute im elsässischen Colmar zu besichtigen ist. Dieser groß angelegte, aus vielen einzelnen Tafeln bestehende Altar sollte ursprünglich in der Kapelle des Isenheimer Antoniterspitals aufgestellt werden. Erst viel später kam er nach Colmar. Der Altar muss 1516 abgeschlossen worden sein, worauf Mathis in den Dienst des Mainzer Erzbischofs Albrecht von Brandenburg trat. Für ihn arbeitete er vor allem in Mainz und Aschaffenburg, wo er unter anderem die »Stuppacher Madonna« schuf. Warum er später nach Halle zog, wo er starb, ist ebenso unbekannt wie der Ort seines Grabes.

Die 42-zeilige Gutenberg-Bibel (großes Bild: ein Exemplar in der Yale University, USA) gilt als das bedeutendste Druckwerk aus der Werkstatt Gutenbergs. Sie entstand 1452–1455 und wurde in einer Auflage von knapp 200 Exemplaren gedruckt.

Rechte Bildleiste, von oben: Gutenberg-Denkmal in Straßburg, wo der Erfinder des Buchdrucks in den Jahren 1439–1444 lebte; Manuskriptseite der

berühmten Gutenberg-Bibel; das Druckverfahren nach Gutenberg blieb bis ins 20. Jahrhundert eine bewährte Methode.

Er sei der »Mann des Jahrtausends«, befand eine US-amerikanische Illustrierte im Jahr 2000: Johannes Gutenberg aus Mainz (um 1400 bis 1468), Erfinder des Buchdrucks mit beweglichen Lettern, Verbreiter des gedruckten Wortes, der Mann, dessen Erfindung die Welt wohl nachhaltiger veränderte als jede andere.

Zu Zeiten der Französischen Revolution war die Begeisterung für den Mann so groß, dass der Vorschlag diskutiert wurde, ihm zu Ehren den Buchdruck »guttembergisme« zu nennen. Über den Menschen, der als Johannes Gensfleisch zur Laden irgendwann um das Jahr 1400 herum als Sohn eines wohlhabenden Kaufmanns in Mainz geboren wurde und dort 1468 starb, weiß man allerdings sehr wenig. Auf jeden Fall besaß er eine solide handwerkliche Ausbildung und Erfahrung im Umgang mit Metall, arbeitete als Kopist und als Goldschmied und war in den 1430er-Jahren in Straßburg Mitbesitzer eines Handwerksbetriebes, der wohl auch mit Büchern zu tun hatte. Gutenberg hat streng genommen den Buchdruck nicht allein erfunden. Mit Holzplatten, in welche die Buchstaben einer ganzen Seite jeweils komplett eingeschnitzt waren, druckte man schon länger. Auch die Idee, einzelne Lettern zu gießen, hatte vor Gutenberg schon der Holländer Laurens Coster, davon abgesehen, dass es im chinesischen Raum ebenfalls Vorläufer dieser Technik gab. Erst Gutenberg aber verknüpfte dank zahlreicher Weiterentwicklungen alle Schritte – das Gießen der stabilen und somit wiederverwendbaren Lettern, das Zusammenfassen zu einer Druckform und das Drucken selbst – zu einer vollständigen Technologie. Schnell verbreitete sich die Drucktechnik in Europa und beschleunigte den Austausch von Ideen erheblich. All dies zeigt das Gutenberg-Museum in Mainz, eines der ältesten Druckmuseen der Welt.

Samuel Hahnemann ist in Leipzig, wo er einige Jahre lebte, ein Denkmal gesetzt (großes Bild unten). Seine Bronzefigur sitzt inmitten der Grünanlage des Promenadenrings südwestlich des Richard-Wagner-Platzes.

Auch die US-amerikanische Stadt Washington, D.C., ehrt den Arzt und Gelehrten mit einem Denkmal (rechts unten). Das American Institute of

Homeopathy setzte sich stark für dessen Errichtung ein und sammelte Gelder, bis das Monument im Jahr 1900 erbaut werden konnte.

Samuel Hahnemann (1755–1843) ist der »Erfinder« der Homöopathie und damit eine ziemlich einzigartige Figur – gibt es doch nicht allzu viele Menschen, die im Alleingang eine eigene Heilrichtung begründet haben. Auch wenn die Wirksamkeit der homöopathischen Methode wissenschaftlich nicht nachgewiesen ist, gibt es unzählige Menschen in aller Welt, die mit ihr arbeiten.

Hahnemann führte ein langes, erfülltes und zumindest in geografischer Hinsicht aufregendes Leben: Die längste Zeit, die er am selben Ort verbrachte, waren die Jahre von 1821 bis 1835 in Köthen in Anhalt. Geboren und aufgewachsen in Meißen als Sohn eines Porzellanmalers, begann er 1775 in Leipzig Medizin zu studieren, wechselte jedoch bald nach Wien und ließ sich zwischendurch als Hausarzt des Gouverneurs von Siebenbürgen engagieren, bevor er sein Studium 1779 in Erlangen beendete. Eine Zeit lang finanzierte Hahnemann seinen Lebensunterhalt mit dem Übersetzen medizinischer Bücher, arbeitete aber immer mehr als Arzt, wurde habilitiert und praktizierte mit wechselndem Erfolg in Dresden, Braunschweig, Leipzig und zahlreichen anderen Orten. Sein berühmtes Prinzip »similia similibus curentur« (zu Deutsch »Ähnliches wird durch Ähnliches geheilt«) entwickelte er durch Selbstversuche in den 1790er-Jahren. Sein Hauptwerk, das »Organon der rationellen Heilkunde«, erschien erstmals 1810. Hahnemann starb 1843 mit 88 Jahren in Paris, wohin er im Jahr 1835 mit seiner zweiten, 45 Jahre jüngeren Frau, der französischen Malerin und Dichterin Mélanie d'Hervilly, gezogen war. Er behandelte dort zahlreiche Prominente, darunter den Geiger Niccolò Paganini, der sich in seine junge Frau verliebte, aber von dieser zurückgewiesen wurde.

Marktplatz mit Händeldenkmal, Rotem Turm und Marktkirche – Halle ist geprägt von der Figur Händels, obwohl der Komponist hier nur bis zu seinem 18. Lebensjahr wohnte. Zahlreiche historische Sehenswürdigkeiten können besichtigt werden.

Kleines Bild: Ein zeitgenössisches Tasteninstrument im Händel-Haus in Halle an der Saale, dem Geburts- und ehemaligen Wohnhaus des Barock-

komponisten. Das Museum gibt interessante Einblicke in Händels Zeit. Er lebte bis 1703 in der Stadt, bevor er nach Hamburg ans Theater wechselte.

Deutschland und England wetteifern um die Ehre, als Heimatland des großen Barockkomponisten Georg Friedrich Händel (1685 bis 1759) gelten zu dürfen. Und beide mit Recht: Während Händel in Deutschland geboren wurde und seine musikalische Ausbildung erhielt, verlebte er die Zeit seiner großen Erfolge in England und wurde schließlich auch englischer Staatsbürger.

Händel kam am 23. Februar 1685 in Halle an der Saale zur Welt – im selben Jahr wie Johann Sebastian Bach und der italienische Komponist Domenico Scarlatti. Früh erkannte man die Begabung des Knaben, und er erhielt ersten Musik- und Orgelunterricht. Dennoch begann Georg Friedrich 1702 zunächst ein Jurastudium, währenddessen er nebenbei auch als Organist arbeitete. Ab 1703 widmete er sich ganz der Musik: zunächst als Geiger des Opernorchesters in Hamburg. Dort entdeckte er seine Liebe zur Bühne, was schon 1705 zur Aufführung seiner ersten Oper »Almira« führte.

Um seine musikalischen Kenntnisse zu vertiefen und Kontakte zu knüpfen, reiste er von 1706 bis 1710 durch Italien. Zurück in Deutschland, begab er sich in die Dienste des Kurfürsten von Hannover. Ab 1712 lebte er überwiegend in London, wo er aufgrund der Beziehungen des Hauses Hannover erste Aufträge erhielt. 1714 wurde sein Dienstherr Kurfürst Georg von Hannover zum König Georg I. von England gekrönt. In London feierte Händel große Erfolge mit italienischen Opern wie »Giulio Cesare« oder »Rodelinda«, später mit Oratorien, unter denen der »Messias« (1741) das berühmteste ist. Ebenso schrieb er glänzende Kirchenmusik und Konzerte. 1726 ließ sich der Komponist in England einbürgern. Im Alter erblindete Händel, am 14. April 1759 starb er. Beigesetzt ist er in der Londoner Westminster Abbey.

Die letzte Station im Leben des großen Philosophen sollte Berlin sein. Kleines Bild unten: die Gräber von Georg Wilhelm Friedrich Hegel und Johann Gottlieb Fichte sowie ihren Gattinnen auf dem Dorotheenstädtischen Friedhof Berlin-Mitte.

Das Hegel-Haus in Stuttgart (großes Bild): Das Geburtshaus des Philosophen stellt Handschriften, Bilder und Dokumente aus. Die Räumlichkeiten

zeichnen u.a. Hegels Tätigkeiten in Stuttgart, Tübingen und Berlin nach. Literarische und philosophische Veranstaltungen runden den Besuch ab.

Georg Wilhelm Friedrich Hegel (1770–1831) war »Preußischer Staatsphilosoph« und gilt als wichtigster Vertreter des deutschen Idealismus. Seine Lehre folgt dem Grundsatz »Das Wahre ist das Ganze«.

Die Geschichte der Antike, alte Sprachen und Mathematik faszinierten Hegel bereits als Stuttgarter Gymnasiast; in Tübingen studierte er dann – wie viele seiner Vorfahren – evangelische Theologie. Sein Zimmer teilte er zeitweilig mit Hölderlin und Schelling; dank ihrer begeisterte er sich für Schiller und die französische Idee von Freiheit und Gleichheit. Nach dem Studium wurde Hegel zunächst Hauslehrer in Bern, dann in Frankfurt, wo er seine Studien der Volkswirtschaft und Politik fortsetzte. 1801 ließ er sich in Jena nieder, promovierte mit einer Arbeit, die sich mit den Gesetzen der Kepler'schen Planetenbewegung und der Himmelsmechanik von Isaac Newton beschäftigte (»De orbitis planetarum«) und hielt erste Vorlesungen (»Logik und Metaphysik«). Im Jahr 1806 vollendete er seine »Phänomenologie des Geistes«. Vom Erscheinungsort Bamberg zog Hegel über Ulm nach Heidelberg. Als Vorlesungsleitfaden für seine dortige Philosophieprofessur erschien 1817 die erste Auflage der »Enzyklopädie der philosophischen Wissenschaften«. 1818 folgte Hegel dem Ruf an die Universität von Berlin, deren Rektor er gut ein Jahrzehnt später wurde. Schon 1821 erschien sein letztes eigenhändiges Werk, »Grundlinien der Philosophie des Rechts«. Hegel wandelte sich in den Berliner Jahren in einen Anhänger der konstitutionellen Monarchie Preußens und wurde zum bürgerlichen Philosophen. Dennoch übten seine Lehren großen Einfluss auf die Philosophie und Geschichte der nachfolgenden Zeit aus; der Marxismus etwa ist ohne Hegel nicht denkbar.

1824 lernte Heine Goethe kennen. Im selben Jahr unternahm er Wanderungen durch den Harz. Wie seinen Beschreibungen zu entnehmen ist, nahm er bei der Besteigung des Brockens diesen Weg entlang der Ilse (großes Bild).

An vielen Orten wird des großen Autors gedacht. Bildleiste rechts, von oben: Grab Heinrich Heines mit Marmorbüste auf dem Montmartre in

Paris; Bronzeskulptur des Dichters im Park am Weinbergsweg, Berlin. Kleines Bild unten links: Foyer im Heinrich-Heine-Institut, Düsseldorf.

Er ist gar nicht ganz zu fassen in seiner Vielseitigkeit, der Dichter und Reiseschriftsteller, Journalist und Satiriker, Obrigkeits- und Gesellschaftskritiker, gebürtige Jude, konvertierte Protestant, mal Gläubiger, mal Ungläubiger: Heinrich Heine (1797–1856).

Heinrich Heine kam als Sohn eines Tuchhändlers in Düsseldorf zur Welt. Fürs Geschäftliche zeigte er weder Neigung noch Begabung, dafür aber ein hitziges Temperament und einen brillanten Intellekt. In Göttingen wurde er 1825 zum Doktor der Rechte promoviert, und am liebsten wäre er Universitätsprofessor geworden, doch er stand sich selbst im Weg. Legendär ist seine Polemik gegen Göttingen (»berühmt für seine Würste und Universität«), und auch in München wollte man diesen unsicheren Kantonisten nicht haben. Dabei begann er schon in dieser Zeit, sich als Dichter einen Namen zu machen: 1824 war in einer Gedichtsammlung die »Loreley« erschienen, 1826 folgte die »Harzreise«, 1827 das sehr erfolgreiche »Buch der Lieder«. Um den zunehmenden, teilweise auch antisemitischen Anfeindungen und der Zensur in Deutschland zu entgehen, siedelte Heine 1831 nach Paris über und schrieb für französische Blätter über die Verhältnisse in Deutschland. 1856 starb er im Alter von 58 Jahren. Seine Kunst hat auch 160 Jahre nach seinem Tod nichts von seiner Frische verloren. Es ist neben der präzisen Beobachtung und der pointierten Kritik der unnachahmliche Rhythmus, der seine Sprache antreibt, etwa in »Deutschland, ein Wintermärchen«, einer wütenden und verzweifelt liebevollen Abrechnung mit seinem Vaterland. »Wir sind überall fremd und überall in der Fremde« – niemand hat die Zerrissenheit und Heimatlosigkeit des modernen Menschen so früh und so scharf erfasst wie er.

Der Welt der Elementarteilchen galten die Forschungen Werner Heisenbergs (großes Bild). Seine »Unschärferelation« wurde viel diskutiert. Einstein lehnte ihre Konsequenzen mit dem berühmten Bonmot »Gott würfelt nicht« ab.

Kleines Bild unten, von links: Werner Heisenberg (1901–1976) als Vertreter einer deutschen Delegation, der dänische Physiker Christian Moller (1904

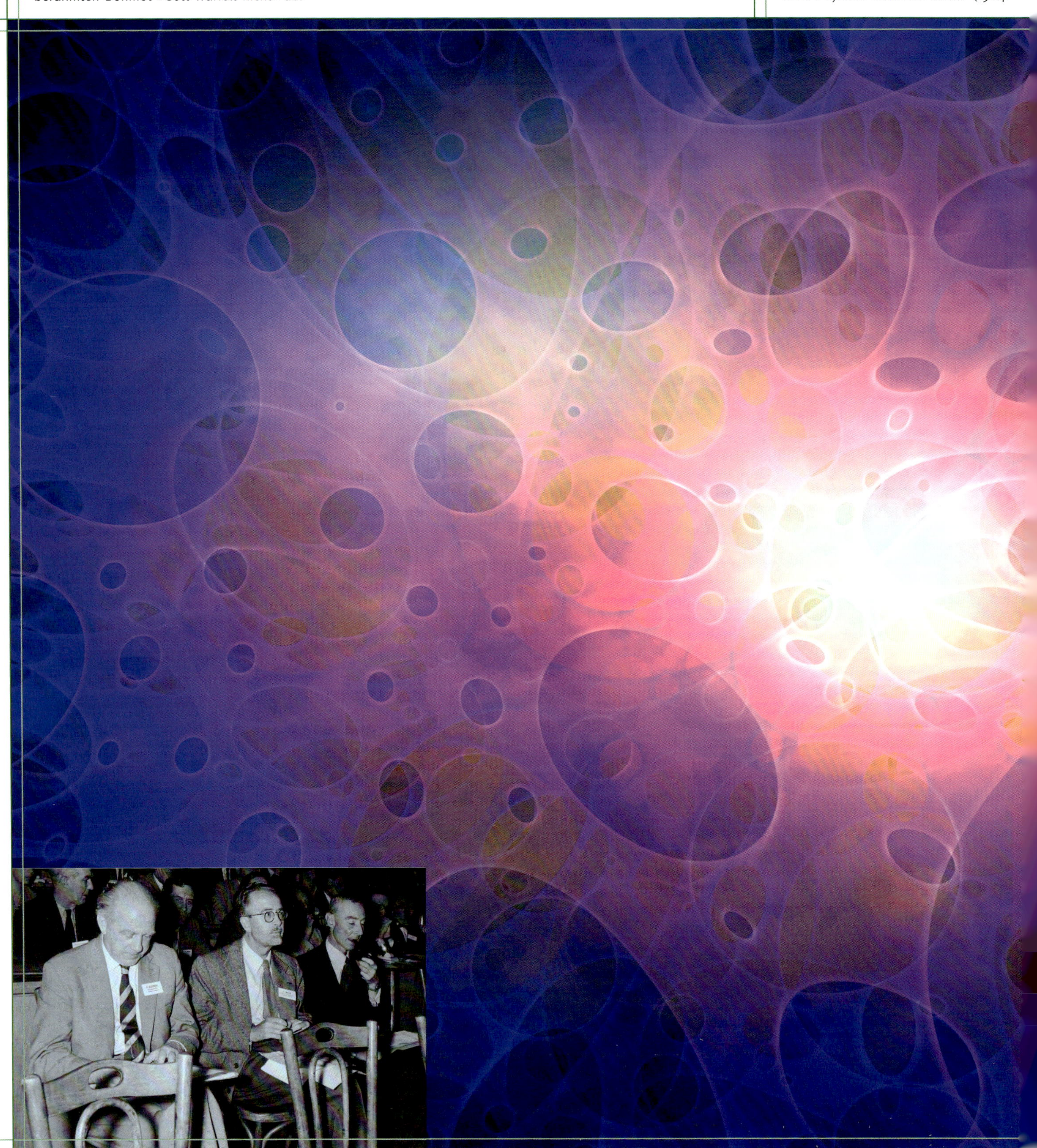

bis 1980) und der US-amerikanische Nuklearphysiker Robert Oppenheimer (1904–1967) auf der Atomenergiekonferenz im Jahr 1958.

Werner Heisenberg (1901–1976) ist einer der großen Physiker des 20. Jahrhunderts. Seine Entdeckungen sind für den »Normalverstand« vielleicht noch weniger zu begreifen als die Relativitätstheorie seines Physikerkollegen Albert Einstein.

Er ist der Urheber der berühmten Heisenbergschen Unschärferelation, die in etwa besagt, dass sich bei einem Elementarteilchen entweder die Bewegung oder der Ort mit beliebiger Genauigkeit bestimmen lässt, aber nicht beides gleichzeitig. Diese Erkenntnis ist eine Konsequenz aus der Quantenmechanik, für die Heisenberg 1932 den Nobelpreis erhielt. Geboren 1901 in einer Intellektuellenfamilie, zeigte sich schon früh sein mathematisch-physikalisches Genie. Heisenberg studierte in München in Rekordzeit, wurde mit einer Arbeit über Flüssigkeitsströme promoviert, ging als Assistent zu Max von Laue, arbeitete unter anderem mit Niels Bohr zusammen und wurde bereits mit 26 Jahren Professor in Leipzig. Nach 1933 geriet er mit den Nationalsozialisten in Konflikt, die die Relativitäts- und die Quantentheorie als »jüdische Machwerke« diffamierten und aus der Physik fernhalten wollten. Heisenberg entschied sich trotzdem gegen die Emigration, da er seine Studenten nicht im Stich lassen wollte. 1939 erhielt er seinen Einberufungsbefehl und musste in Berlin als Leiter des Kaiser-Wilhelm-Instituts für Physik die Forschungen zum Atomprogramm koordinieren. Ob er dabei tatsächlich eine eher bremsende Rolle gespielt hat, wie oft behauptet wurde, ist bis heute umstritten. Sein Institut war jedenfalls von der Fähigkeit, eine Atombombe zu bauen, weit entfernt. Nach dem Krieg leitete Heisenberg das Max-Planck-Institut für Physik, zunächst in Göttingen, dann in München. Dort starb er im Jahr 1976.

Zwischen 1764 und 1771 war Herder Pastor und Lehrer in Riga. Er verhalf zu seiner Zeit u.a. lettischen Volksweisen (»dainas«) zu Bekanntheit. Herders Denkmal (kleines Bild unten) steht am Herderplatz vor dem Hauptportal des Doms.

Ein weiteres Denkmal steht vor der Stadtkirche St. Peter und Paul in Weimar (großes Bild unten). 1850, zu Herders 106. Geburtstag, wurde es

enthüllt und zeigt den Geistlichen und Bildungsbeauftragten stehend, die rechte Hand auf dem Herz, mit einem Schriftstück.

Johann Gottfried Herder (1744–1803) war ein bedeutender Dichter und Denker der Weimarer Klassik. Mit seinen kritischen Frühschriften, in denen er für eine fortschreitende Humanitätsidee eintrat, prägte er die Aufklärungsepoche der Sturm- und Drangzeit maßgeblich mit.

Als Sohn eines ostpreußischen Kantors und Lehrers schrieb sich Herder zunächst an der Universität von Königsberg für das Fach Theologie ein. Bei Immanuel Kant hörte er von 1762 bis 1764 Vorlesungen über Astronomie, Logik, Metaphysik, Moralphilosophie, Mathematik und Physische Geografie. »Seine Philosophie weckte das eigne Denken auf«, notierte Herder später über seinen Lehrer. Zuvor publizierte er Gedichte und Rezensionen für die »Königsberger Zeitung«, die seinem Gönner Johann Kanter gehörte. Der Buchhändler hatte sich überaus beeindruckt gezeigt von Herders anonym verfasstem »Gesang an Cyrus«, den der Autor kühn dem mit der Aufklärung sympathisierenden Zaren Peter III. hatte zukommen lassen. Im Jahr 1764 wurde Herder an die Domschule nach Riga berufen. Wenig später entstanden seine ersten größeren Werke. 1769 trat er eine Reise an, die ihn zunächst nach Nantes führte. Ein Jahr später siedelte er nach Straßburg über, nachdem er die Niederlande, Hamburg und Darmstadt bereist hatte. In Straßburg begegnete ihm erstmals Johann Wolfgang von Goethe, der ihm eine Stelle als Generalsuperintendent in Weimar vermittelte, wo Herder auch Freundschaft mit Friedrich Schiller und Christoph Martin Wieland schloss. Seine letzten Lebensjahre verbrachte Herder isoliert vom gesellschaftlichen Leben Weimars; kurz vor seinem Tod wurde er geadelt. Mit seiner Werksammlung von Volksliedern übte er auch Einfluss auf die Romantik aus; bedeutsam sind zudem seine Übersetzungen, z. B. die des spanischen »Cid«.

Das Hermannsdenkmal bei Detmold (großes Bild) entstand zwischen 1838 und 1875. Es ist ein Symbol für die Suche nach nationaler Identität, die in Deutschland im 19. Jahrhundert eine zunehmend wichtige Rolle spielte.

Die Illustration aus der Sammlung Carl Simons vom beginnenden 20. Jahrhundert (unten links) zeigt Hermann den Cherusker (Arminius) bei den

Priestern und Druiden. Die Figur Hermanns wurde im 19. Jahrhundert zunehmend verklärt und wurde zum Symbol des Nationalen.

Hermann war eigentlich überhaupt kein Deutscher, und zwar einfach deshalb, weil es zu seiner Zeit (um 17/16 v. Chr.–21 n. Chr.) noch gar kein Deutsches Reich gab. Richtiger ist die Bezeichnung »Hermann der Cherusker«. Trotzdem ist es nicht ganz falsch, ihn den ersten Deutschen zu nennen, denn Hermann ist der erste, der aus dem historischen Dunkel der germanischen Stämme herausragt.

Hermann wurde als Sohn des Cheruskerfürsten Sigimer geboren und stammte aus der Oberschicht der Cherusker, die in der Gegend um Weser und Elbe lebten, war aber im Römischen Reich aufgewachsen und ausgebildet worden, da er und sein Bruder als Kinder dorthin verschleppt worden waren – zu dieser Zeit kein ungewöhnliches Schicksal. In der römischen Armee, wo er eine Einheit aus cheruskischen Söldnern führte, lernte er das Kriegshandwerk. Als Offizier und Bürger des Römischen Reiches kehrte er wahrscheinlich um das Jahr 7 oder 8 n. Chr. in seine Heimat zurück. Dort begann er, einen Aufstand gegen die Römer anzuführen. In den folgenden Kämpfen schlug er das zahlenmäßig weit überlegene römische Heer unter der Führung des Publius Quinctilius Varus in der berühmten »Varusschlacht« im Teutoburger Wald (zweite Hälfte 9 n. Chr.) so vernichtend, dass dies das Ende der römischen Expansion in Germanien bedeutete. Das Ziel Hermanns, aus diesem Sieg politisches Kapital zu schlagen und eine größere Zahl germanischer Stämme gegen die Römer zu vereinen, erreichte er jedoch nur für eine kurze Zeit. Im Jahr 21 wurde Hermann von innercheruskischen Gegnern ermordet – vermutlich von Segestes, dem Vater seiner Frau Thusnelda, die Hermann aus Segestes' Haus entführt und gegen dessen Willen geheiratet hatte.

1904 heiratete der 27-jährige Hesse die Fotografin Maria (Mia) Bernoulli aus Basel und zog mit ihr nach Gaienhofen am Bodensee. Sie bewohnten ein altes Bauernhaus, 1907 ließen sie ein neues Haus errichten (kleines Bild ganz unten).

Im Hermann-Hesse Museum-in Montagnola am Luganer See, Tessin, (oberes der kleinen Bilder; großes Bild) erfährt der Besucher Wissens-

wertes über den Schriftsteller, der einen Großteil seines Lebens im Tessin verbrachte. U.a. kann man den Schreibprozess Hesses nachverfolgen.

Hermann Hesse (1877–1962) polarisiert bis heute. Wo die einen den Rhythmus seiner Sprache loben, bemängeln andere den gespreizten Tonfall; wo seine Liebhaber die Sensibilität rühmen, sehen die Kritiker verspätete Neoromantik. Ganz schlecht kann seine Literatur allerdings nicht sein: 1946 bekam er dafür den Nobelpreis.

Hermann Hesse wurde in Calw im Schwarzwald in eine streng protestantische Familie geboren; seine Eltern waren Missionare, der schwäbische Pietismus prägte seine Welt. Doch zeigte sich bald auch seine Eigenständigkeit. Vom evangelischen Seminar, auf das er als 14-Jähriger geschickt wurde, flüchtete er; auch auf anderen Schulen hielt er es nicht lange aus, zwei Ausbildungen brach er ab. Erst als fast 18-Jähriger begann er eine Buchhändlerlehre in Tübingen, die er durchhielt. Nebenher las er viel und begann zu schreiben, zunächst Gedichte und kurze Prosa. Im Jahr 1903 erschien sein erster Roman »Peter Camenzind«, der gleich ein Erfolg wurde. Hesses Kombination aus Innerlichkeit und präziser Weltbeschreibung kam bei den Lesern an. Er heiratete und gründete eine Familie. Nach dem zweiten Roman »Unterm Rad« (1906) allerdings geriet er in eine Schaffenskrise, die wohl damals auch schon eine Ehekrise war und aus der ihn auch eine Ceylon- und Indonesienreise nicht befreite. Im Jahr 1919 trennte er sich von seiner Frau und zog nach Montagnola im Tessin, wo er bis zu seinem Tod 1962 mit weiteren Ehefrauen oder Geliebten lebte. Hier schrieb er die Bücher, die ihn endgültig berühmt machten: »Siddharta«, »Der Steppenwolf«, »Narziß und Goldmund« und, ab den 1930er-Jahren, sein großes Alterswerk, das »Glasperlenspiel«. Erst hier, im sonnigen Süden, fand er endlich eine Heimat.

Diese Illustration (unten) aus der Sammlung der Biblioteca Statale in Lucca zeigt, wie Hildegard in Anwesenheit des Probsts Volmar und ihrer Vertrauten, der Nonne Richardis, eine Vision hat (ca. 1220–1230).

Der Gebäudekomplex des heutigen Klosters St. Hildegard entstand in den Jahren von 1900 bis 1908 im neoromanischen Stil. Er liegt etwas oberhalb

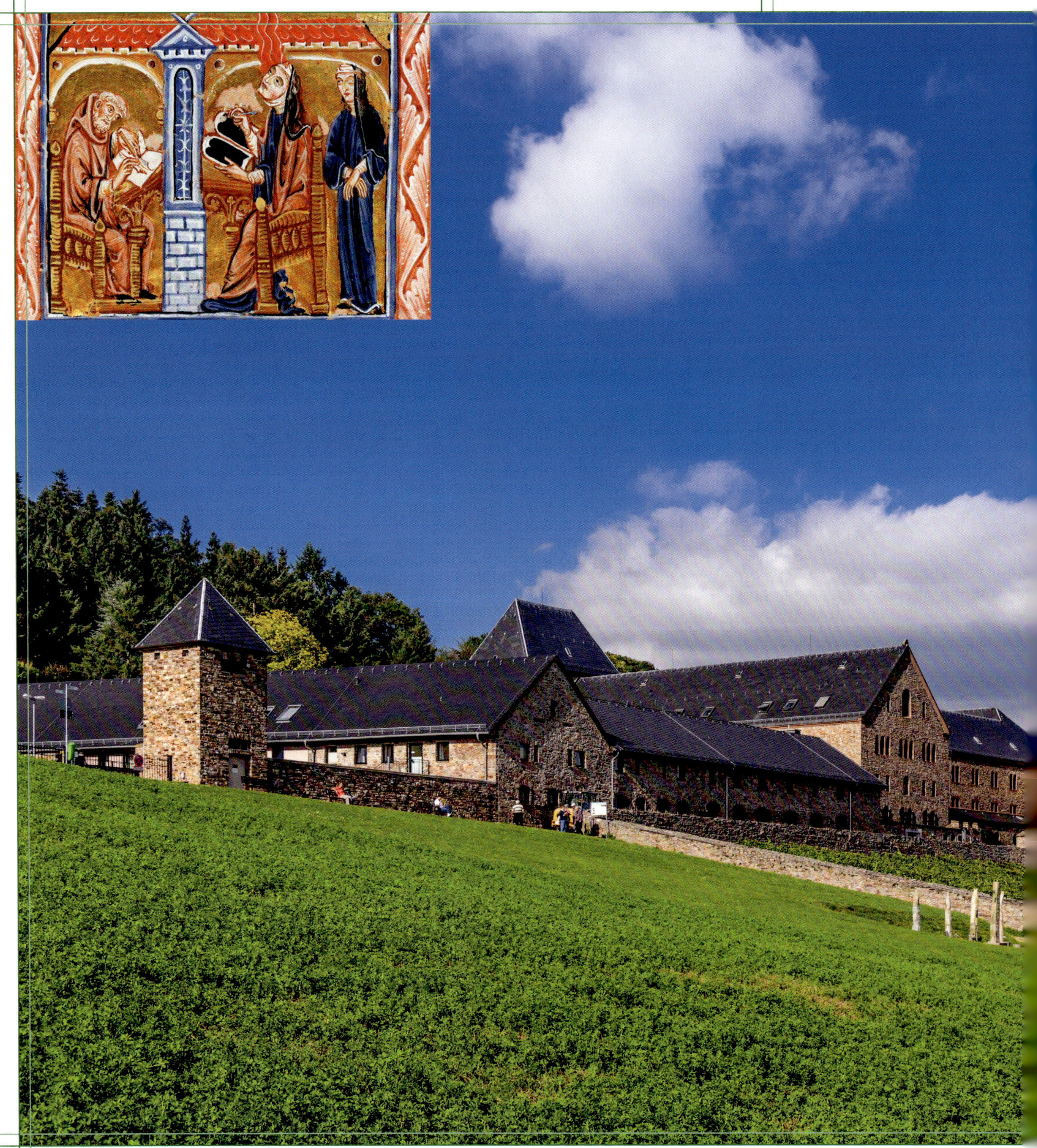

des im Jahr 1165 von Hildegard gegründeten und damals leer stehenden Klosters Eibingen (großes Bild unten).

Hildegard von Bingen (1098–1179) fasziniert bis heute. Die Facetten ihrer Persönlichkeit sind vielfältig: eine dem Glauben ergebene Ordensfrau, aber auch eine energische Äbtissin und machtbewusste Kirchenfunktionärin, zudem eine unermüdliche Missionarin, tiefe Mystikerin und kraftvolle Visionärin.

Des Weiteren sammelte und schrieb Hildegard von Bingen religiöse Gesänge, äußerte unkonventionelle Ansichten über Körperlichkeit und Sexualität, war kräuterkundige Heilerin und dabei die Erste, die das lateinische Wissen über Krankheiten und Heilkräuter mit der Volksmedizin zusammenbrachte und die deutschen Pflanzennamen benutzte. Geboren als Kind einer Adelsfamilie in Rheinhessen, wuchs sie bei der Benediktinerin Jutta von Sponheim in einer Frauenklause des Benediktinerklosters Disibodenberg auf, in dem sie auch die größte Zeit ihres Lebens verbrachte. Jutta, der sie nach deren Tod 1136 als Lehrmeisterin der Klause nachfolgte, war in vielerlei Hinsicht ihre Lehrerin, doch auch von den Benediktinermönchen des Klosters als Berater profitierte sie. Da die Frauenklause stetigen Zulauf von Novizinnen bekam, betrieb Hildegard die Planung für ein eigenes Frauenkloster, das mithilfe einflussreicher Unterstützer auf dem Rupertsberg bei Bingen gebaut und 1151 von den Frauen bezogen wurde. 1165 erwarb Hildegard wegen des weiteren großen Andrangs von Ordensschülerinnen zu ihrer Gemeinschaft das verwaiste Kloster Eibingen. Zu dieser Zeit hatte sie auch ihre unter dem Titel »Scivias« gesammelten Visionen veröffentlicht, die innerhalb der Kirche einiges Aufsehen erregten und ihr den Ruf einer Seherin einbrachten. Hildegards Gebeine werden in einem Reliquienschrein in der Pfarrkirche von Rüdesheim-Eibingen aufbewahrt.

Die Berliner Humboldt-Universität gedenkt der beiden namensgebenden Brüder mit je einem Denkmal. Alexander ist mit den Attributen des Forschungsreisenden (unter anderem einem Globus) ausgestattet (großes Bild).

Rechte Bildleiste: Die beiden europäischen Forscher Alime Bonpland (1773 bis 1858) und Alexander von Humboldt in Südamerika – in den Anden (ganz

oben), bei San Pablo, in der Nähe von Quito, Ecuador, im Jahr 1802 (Mitte), und in ihrer Unterkunft im Regenwald (ganz unten).

Kein anderes deutsches Brüderpaar, nicht einmal Jacob und Wilhelm Grimm, hat so starke Impulse auf verschiedenen Gebieten der Wissenschaft gegeben wie Alexander (1769–1859) und Wilhelm (1767–1835) von Humboldt.

Politiker, Diplomat und Bildungsreformer der eine (Wilhelm), ungestümer Abenteurer, Weltreisender und bis zur Lebensgefahr besessener Forscher der andere (Alexander). Aufgewachsen auf Schloss Tegel, starb den Jungen der Vater, als sie elf bzw. neun waren. Die Mutter organisierte die besten Erzieher. Während Wilhelm geradezu beängstigende Mengen an klassischer Bildung in sich aufsaugte und schon mit 13 Jahren Latein und Griechisch beherrschte, sammelte Alexander Muscheln, Käfer und Mineralien und wurde zu Hause »der kleine Apotheker« genannt. Das Erbe der Mutter bot beiden Brüdern im Alter von Mitte 20 die Gelegenheit, Lebensträume zu verwirklichen. Alexander begann seine fünfjährige Südamerikaexpedition, die ihn weltberühmt machte und ihm für den Rest seines Lebens Material zur wissenschaftlichen Auswertung gab. Wilhelm, der nach Studium und Diplomatenausbildung Kontakt zu den Weimarer Klassikern Schiller und Goethe geknüpft hatte, leistete sich einen längeren Parisaufenthalt, bevor er als preußischer Gesandter nach Rom ging. 1808 wurde er auf sanften Druck des Freiherrn vom Stein Staatssekretär für Bildung. Er begann das preußische Erziehungswesen im Geiste des Neuhumanismus zu reformieren und viele seiner aufgeklärten Vorstellungen umzusetzen. Als ein großer Erfolg erwies sich auch die von ihm gegründete Berliner Universität, die viele Lehrstühle sofort prominent besetzen konnte. Im Jahr 1949 wurde die Universität nach den beiden Brüdern benannt, die bereits 1809 durch Wilhelm gegründet worden war.

Kleine Bilder unten: Kant-Denkmal im russischen Kaliningrad (Königsberg); Graffiti mit dem Aphorismus »Phantasie ist unser guter Genius oder unser Dämon« mit dem Porträt von Immanuel Kant in Berlin.

Die Grabstätte Kants am sogenannten Professorengewölbe an der Nordseite des Königsberger Doms (großes Bild). In dem Ort wurde der berühmte

Denker im Jahr 1724 geboren. Nach einer hiesigen Tradition besuchen bis heute Brautpaare das Grab und legen Blumen nieder.

Die gesamte abendländische Philosophie, so lautet ein berühmtes Bonmot, sei im Grunde nur eine Fußnote zu Platon ... bis auf Kant, muss man hinzufügen. Nach Immanuel Kant (1724–1804) ist die Philosophie nicht mehr dieselbe geblieben.

Geboren in eine pietistische Familie in Königsberg, sollte Immanuel Kant seine Heimatstadt und deren nähere Umgebung kaum je verlassen. Sein Studium, das alte Sprachen, Theologie und die Naturwissenschaften umfasste, brach er zunächst ab, weil sein Lehrer seine Abschlussarbeit nicht akzeptierte. Nach einigen Jahren als Hauslehrer gelang ihm jedoch das Examen, und nach einiger Zeit als Privatdozent erhielt er die angestrebte Professur für Logik und Metaphysik. Rufe an andere Lehrstühle hatte er stets abgelehnt. Bereits 1755 erschien seine »Allgemeine Naturgeschichte und Theorie des Himmels«, eine Theorie der Entstehung des Sonnensystems. Es folgten Schriften zur Metaphysik und dann eine zehnjährige Schaffenspause,

ehe er im Jahr 1781 die »Kritik der reinen Vernunft« veröffentlichte – ein Meilenstein, auch wenn das Buch zunächst zögernd aufgenommen wurde. Kant führte in diesem und in den folgenden Werken jene Begriffe ein, die von nun an nicht mehr aus der Sprache der Philosophie wegzudenken waren, vor allem den Terminus »transzendental«, der auf die Voraussetzungen reflektiert, unter denen Erkennen überhaupt erst möglich ist. Alle Erkenntnis, so Kant, kann nur in den Formen stattfinden, die uns unser eigener Verstand vorgibt (z.B. Zeit und Raum), und ist in diesem Sinn subjektiv. Über eine darüber hinaus existierende »objektive« Realität können wir nichts sagen. Immanuel Kant starb am 12. Februar 1804. Seine letzten Worten sollen gewesen sein: »Es ist gut.«

Der Thron Karls des Großen in der Pfalzkapelle des Aachener Doms (großes Bild). Dieser älteste Teil der Kirche entstand zwischen 796 und 805 und war ursprünglich Teil der Kaiserpfalz des Frankenkaisers.

Rechte Bildleiste, von oben: Der achteckige Innenraum der Pfalzkapelle erinnert an antike bzw. spätantike Vorbilder wie etwa das Mausoleum des

Theoderich in Ravenna; Altarraum im unteren Umgang des Oktogons. Nachgewiesen sollen einmal 50 Altäre im Dom gestanden haben.

Karl I., König der Franken und Römischer Kaiser, wurde schon zu Lebzeiten (um 742/748 bis 814) »der Große« genannt. Sein Lebenswerk bestimmte auf Jahrhunderte wesentliche Züge der Politik in dem Gebiet, das erst später einmal als Deutschland bezeichnet werden sollte.

Karl I. hielt im Norden die Sachsen, im Südosten die Bayern und in Norditalien die Langobarden in Schach und integrierte sie in das Reich. Er ließ sich von Papst Leo III., dem er gegen den aufmüpfigen römischen Adel beigestanden hatte, zum Kaiser kronen, was für beide ein geschickter Schachzug war, denn bis dahin trug nur der oströmische Herrscher von Byzanz den Titel Kaiser. Indem der Papst den Frankenkönig zum Römischen und zugleich Deutschen Kaiser machte, erhob er die Einheit von Kirche und Reich zur herrschenden Doktrin. Karls weitreichendste Leistung aber war die Konsolidierung des Reiches nach innen durch eine Fülle von Reformen. Er schuf mit den Mark-, Land- und Pfalzgrafen ein System ihm untergebener Regionalherren, die genau definierte Rechte und Pflichten hatten, er ordnete die gesamte Verwaltung und »erfand« das Beamtentum, erneuerte zudem das Justizwesen und die Rechtsprechung. Mit den »Kapitularien« erließ er ein detailliertes Gesetzeswerk, das auch Angelegenheiten wie die Verwaltung der Klöster regelte und diesen, die wie Fulda, Freising, St. Gallen oder Reichenau neu gegründet oder massiv ausgebaut worden waren, eine tragende Rolle im Reich zuwies. Es war ein Aufbruch, der sich auch in der Kultur bemerkbar machte, weshalb diese Zeit in der Kunstgeschichte auch als »karolingische Renaissance« bezeichnet wird. Karl der Große starb im Januar 814 in Aachen und liegt in der Pfalzkapelle des Doms begraben.

Dieser nachträglich kolorierte Holzschnitt zeigt die – wahrscheinlich fiktive – Begegnung Keplers mit seinem Geldgeber, dem Habsburger Kaiser Rudolf II., dem er seine Theorie der Planetenbewegung erläutert (großes Bild).

Rechte Bildleiste, von oben: Auszug aus Keplers wissenschaftlicher Korrespondenz, herausgegeben von Michael Gottlieb Hansch, 1718;

Weltkarte aus den » Rudolfinischen Tafeln« (Tabulae Rudolphinae, 17. Jh.); Bildnis des Mathematikers und Astrologen.

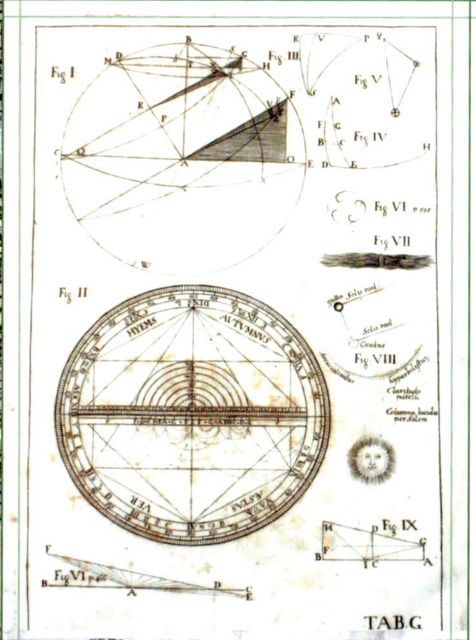

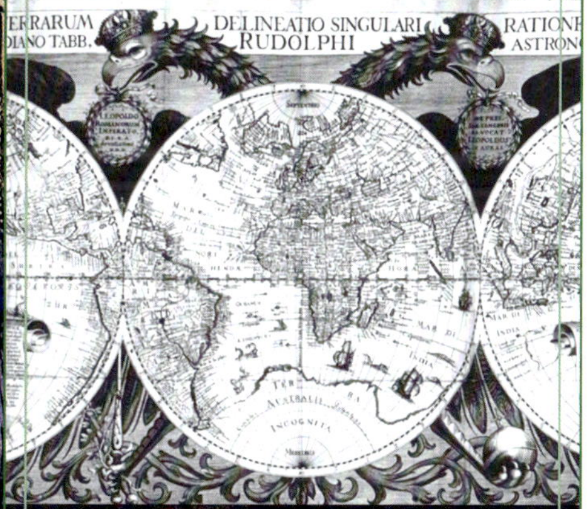

Dass die Erde sich um die Sonne dreht, weiß jedes Kind, und irgendwann erfährt es meist auch, dass dieses »kopernikanische Weltbild« nicht immer selbstverständlich war. Weniger bekannt ist, dass aber erst Johannes Kepler (1571–1630) die Theorien des Nikolaus Kopernikus begründen und beweisen konnte.

Kepler hatte unter anderem die geniale Idee, dass die Planeten sich nicht auf kreisförmigen, sondern auf elliptischen Bahnen bewegen. Plötzlich waren dadurch die Widersprüche in der Berechnung der Planetenbahnen, über die sich Astronomen seit der Antike den Kopf zerbrochen hatten, aufgelöst. Der Legende nach zeigte ihm seine Mutter einen Kometen und eine Sonnenfinsternis und weckte so sein Interesse für die Astronomie. Keplers Leben verlief, selbst für damalige Verhältnisse, unruhig. Er studierte in Tübingen und lehrte einige Jahre in Graz, bevor er in Prag Assistent (und bald darauf Nachfolger) des großen dänischen Astronomen Tycho Brahe wurde. Später lehrte er in Linz, lebte dann in Ulm und schließlich in Regensburg. Immer wieder kamen wegen seiner »ketzerischen Ansichten« Professuren nicht zustande, musste er sich gegen Angriffe wehren oder gar fliehen. Seine erste Frau starb nach 14 Jahren Ehe, von insgesamt neun Kindern überlebten nur drei, und seine Mutter musste er gegen den Vorwurf der »Hexerei« verteidigen. All dies tat seiner Produktivität keinen Abbruch. Seit den 1590er-Jahren korrespondierte er mit Galileo Galilei, und in Prag konnte er Brahes umfangreiche Aufzeichnungen auswerten. Es waren aber auch unzählige eigene neue Beobachtungen, die ihn zu den »Keplerschen Gesetzen« führten, welche die Bahnen der Planeten erstmals exakt beschrieben – und im Prinzip bis heute gültig sind.

Betrachter vor »Sternenlager IV« (1998) im Museum Küppersmühle in Duisburg (großes Bild). Kritikern zufolge beschäftigt sich diese in den 1990er-Jahren entstandene Werkgruppe mit Themen wie Geburt und Tod, aber auch mit Antisemitismus.

Rechte Bildleiste, von oben: »The Sleeper of the Valley« (2010) und »Tremble« (2007), Museum Würth France Erstein; Retrospektive 2014 in

der Royal Academy of Arts, London; Installation in der National Gallery of Art Washington, D.C.; Installation im Museum HangarBicocca, Mailand.

Anselm Kiefer (geb. 1945) zählt zu den bedeutendsten deutschen Künstlern der Nachkriegszeit. Er steht für die Neue Figuration. Seine Gemälde, Plastiken und Installationen sind stark geprägt von Themen der deutschen Geschichte, aber auch inspiriert von fremden Mythen und der Kosmogonie.

In Karlsruhe studierte er bei Horst Antes, in Düsseldorf besuchte er die Vorlesungen von Joseph Beuys – und schon 1969 provozierte der im Luftschutzkeller eines Krankenhauses von Donaueschingen geborene Sohn eines Kunstpädagogen mit einer Hitlergruß-Performance in der Schweiz, in Frankreich und Italien. Mit »Besetzungen« betitelte er die aus seiner Aktion resultierende Fotoreihe. »Gegen das Vergessen« arbeitete er auch bei fast allen folgenden Werken. In seiner Frühphase orientierte er sich dabei am expressiven Stil Baselitz'. Es entstanden hölzerne Innenräume, die Kiefer mit Mythologien und Ideologien deutscher Geschichte in Verbindung bringt (»Parsifal«, »Friedrich II.«). Er gestaltet seine Gemälde mit dickem Farbauftrag, den er nicht nur mittels Axthieben oder Feuer verändert, sondern auch mit Blei, Sand, Metall und anderen Materialien ergänzt. In seinem späteren Werk erweitert Kiefer den sondierten Mythenkreis auf jüdisch-christliche, ägyptische und orientalische Kulturen. Seine Werke waren auf der documenta 6, 7 und 8 zu sehen sowie auf der Biennale von Venedig und sind in Museen Europas, Japans und der USA ausgestellt. Ende 2016 erregte in Peking eine Werkschau aus zwei Privatsammlungen Aufmerksamkeit: Der vielfach Ausgezeichnete – als bislang einziger bildender Künstler erhielt er 2008 den Friedenspreis des Deutschen Buchhandels, da er »aus dem Betrachter auch einen Leser« mache – war aber in deren Planung gar nicht einbezogen worden.

»Straße mit Kokotte in Rot« (1925), zu sehen im Thyssen-Bornemisza-Museum, Madrid (großes Bild). Die auffällig bunten Kleider der Damen im Berliner Nachtleben scheinen den Maler fasziniert zu haben.

Kleines Bild unten: Poster für eine »Brücke«-Ausstellung in der Galerie Arnold in Dresden, 1910. Rechte Bildleiste: »Cirkus« (1913), Pinakothek der

Moderne in München; »Drei Badende« (1913), Art Gallery of New South Wales, Sydney; »Ins Meer Schreitende« (1912), Staatsgalerie Stuttgart.

Ernst Ludwig Kirchner (1880–1938) war Maler, Grafiker und Bildhauer – und gemeinsam mit Karl Schmidt-Rottluff, Erich Heckel und Fritz Bleyl Gründer der expressionistischen Künstlervereinigung »Brücke«.

Im Jahr 1901 kam Kirchner aus seiner Geburtsstadt Aschaffenburg nach Dresden, studierte Architektur und Malerei. Beeindruckt durch Wassily Kandinsky und die französischen Postimpressionisten, deren Werk er in München kennengelernt hatte, rief er 1905 die »Brücke« ins Leben. Die Suche nach neuen Ausdrucksmöglichkeiten, auch im Dialog etwa mit afrikanischer oder polynesischer Kunst, war das Ideal der Gruppe. Zeitweise zählte sie bis zu 70 Mitglieder, darunter Max Pechstein, Otto Mueller und später Emil Nolde. Während sich Kirchner in den Sommermonaten von 1907 bis 1911 an den Moritzburger Seen und auf Fehmarn Aktdarstellungen in der Natur widmete, wurde nach der Übersiedlung der »Brücke«-Künstler 1911 nach Berlin das pulsierende Großstadtleben ein bevorzugtes Sujet. Nach einem Streit über Kirchners Chronik der »Brücke« löste sich die Gemeinschaft 1913 auf. Kirchner meldete sich 1915 als Freiwilliger zum Kriegsdienst, erlitt jedoch einen Zusammenbruch und wurde 1916 entlassen. Nach verschiedenen Sanatorienaufenthalten zog er 1923 nach Frauenkirch-Wildboden bei Davos. Ende der 1920er- und Anfang der 1930er-Jahre konnte er an seine künstlerischen Erfolge der Berliner Jahre anknüpfen und wurde mit Ausstellungen geehrt, bis ihn die Nationalsozialisten als »entartet« diffamierten und 639 seiner Werke aus deutschen Museen beschlagnahmten. Von Krankheit geschwächt und verzweifelt über die Entwicklung in Deutschland, beging Ernst Ludwig Kirchner am 15. Juni 1938 in Frauenkirch-Wildboden Selbstmord.

Im Museum Wiesbaden ist das Aquarell »Läufer – Haker – Boxer« aus dem Jahr 1920 zu sehen (großes Bild). Die Kunstsammlerin, Galeristin und Malerin Hanna Bekker vom Rath hatte das Bild 1923 erworben.

Paul Klees Stil ist teils figürlich, teils abstrakt, fragil, farbintensiv und suggerierend – schlicht unverkennbar. Rechte Bildleiste, von oben: »Roter

Ballon« (1922) im Solomon R. Guggenheim Museum in New York; »Liebeslied bei Neumond« (1939) im Kunstmuseum in Bern; »Die Halskette«.

Paul Klee (1879–1940) war Maler, Grafiker und wichtiger Bauhaus-Künstler. Seine reduzierten, zunehmend farbintensiven Gemälde zeigen häufig geometrische Figuren und Elemente, aber auch religiöse Symbole wie Engelsgestalten.

Lange Zeit wusste Paul Klee nicht, ob er sich für die Musik entscheiden sollte oder für die Malerei. Die Mutter war Sängerin, der Vater Musiklehrer; Paul spielte Geige und ehelichte eine Pianistin. In der Malerei sah er letztlich die besseren Möglichkeiten, sich schöpferisch zu entfalten. Als Motiv taucht der Klang aber auch in seinen Bildern immer wieder auf, z. B. in »Musik unter Tag«, dessen Kreise, Dreiecke und Halbmonde ein Orchester mit Dirigenten darstellen. Bedeutsam für Klees Schaffen, das stets um das Verhältnis des Menschen zur Gesellschaft und Natur rankt, ist zudem die christliche Ikonographie. Ausgebildet an der Münchner Kunstakademie, stellte Klee 1908 in der Münchner und Berliner Secession aus, lernte u. a. Wassily Kandinsky und Franz Marc kennen und nahm an der ersten Schau ihrer Gruppe »Der Blaue Reiter« teil. Im Jahr 1914 reiste er mit August Macke und Louis Moilliet nach Tunesien. »Die Farbe hat mich… Sie hat mich für immer erobert«, notierte er danach euphorisch. 1920 folgte Klee dem Ruf von Walter Gropius ans Bauhaus; wenig später stellte er erstmals in New York und mit Picasso, Miró und Max Ernst in Paris aus. Seine Düsseldorfer Professur musste er im Jahr 1933 unter dem Druck der Nazis aufgeben. Er übersiedelte nach Bern, arbeitete hier noch intensiver mit hieroglyphenhaften Elementen und thematisierte in diesen späten Werken seine persönliche Situation (er leidet an Sklerodermie) ebenso wie die weltpolitische. Das NS-Regime brandmarkte seine Kunst als »entartet«. Paul Klee erlag 1940 im Tessin seiner Krankheit.

Den Königsplatz in München legte Klenze 1815 in der Art eines römischen Forums an (großes Bild). Von ihm stammen die Glyptothek und die Toranlage der Propyläen. Die Antikensammlungen schuf Friedrich Ziebland 1838–1848.

Weitere bemerkenswerte Werke Klenzes im Herrschaftsbereich König Ludwigs I. von Bayern sind die Ruhmeshalle (im Bild mit Bronzestatue der

Bavaria) auf der Theresienwiese und der Aussichtstempel Monopteros im Englischen Garten in München (kleine Bilder unten, von links).

Franz Karl Leopold von Klenze (1784–1864) ist der Mann, der Münchens Gesicht prägte wie kein Zweiter: Die klassizistische Umgestaltung der Stadt unter König Ludwig I., dessen Hofarchitekt er seit 1816 war, ist in erster Linie Klenzes Werk.

Bei einem Spaziergang durch München kann man einen Großteil seines Lebenswerks erwandern: Leo von Klenze, geboren am 29. Februar 1784 bei Schladen, gestorben am 27. Januar 1864 in München, schuf den Königsplatz mit den Propyläen und am Nordrand des Platzes die Glyptothek. Er plante die Ludwigstraße und gab ihr ihr heutiges Gesicht, das von der Staatsbibliothek, der Universität, dem Landwirtschaftsministerium und anderen Fassaden geprägt wird, er baute die Alte Pinakothek und die Ruhmeshalle auf der Theresienhöhe, gestaltete die moderneren Teile der Residenz (vor allem die Allerheiligen-Hofkirche), arbeitete am Wiederaufbau des Nationaltheaters mit und verzierte den Hügel im Englischen Garten mit dem Monopteros. Bevor er als Hofarchitekt Ludwigs I. seine Lebensstellung (und seinen Adelstitel) erlangte, war er von 1808 bis 1813 in Kassel Hofbaumeister Königs Jérôme Bonaparte von Westfalen gewesen und hatte sich schon dort mit dem Ballhaus, einem kleinen Theaterbau, als Architekt beweisen können. Klenze war auch Schriftsteller und Essayist und ein erfolgreicher Landschaftsmaler, dessen Bilder sich durch präzise Details, raffinierte Komposition und einen ausgefeilten Umgang mit Licht und Schatten auszeichnen. Seine bekanntesten Werke außerhalb Münchens sind die Walhalla bei Regensburg und die Befreiungshalle in Kelheim, außerdem die Neue Eremitage in St. Petersburg sowie die Dionysos-Kirche in Athen. Er liegt auf dem Münchner Südfriedhof begraben.

Die von König Ludwig I. in Auftrag gegebene Befreiungshalle (kleines Bild unten) thront auf einem Hügel über der Donau bei Kelheim. Die Gedenkstätte erinnert an die Befreiungskriege gegen Napoleon in den Jahren 1813–1815.

Sie wurde von Friedrich Gärtner begonnen und im Jahr 1863 von Klenze nach geänderten Plänen vollendet. Im großen Kuppelsaal (unten) reichen

sich 34 Siegesgöttinnen aus weißem Carrara-Marmor (entworfen von Ludwig Schwanthaler) zu einem feierlichen Reigen die Hände.

Im Kurort Bad Wörishofen weiß man, was man Kneipp zu verdanken hat. Daher steht sein Andenken dort hoch im Kurs, z. B. im Kurpark, wo Kneipp an prominenter Stelle mit einem Denkmal mit Wasserspielen geehrt wird (großes Bild).

Bildleiste rechts, von oben: Besucher einer Kneipp-Anlage in schweizerischen Luzern; eine Frau bei der Kneipp'schen Wasserkur. Im gut ausgestatteten

Kneipp-Museum in Bad Wörishofen erfahren Besucher beispielsweise, wie Kneipp damals Kranke heilte (Illustration ganz unten).

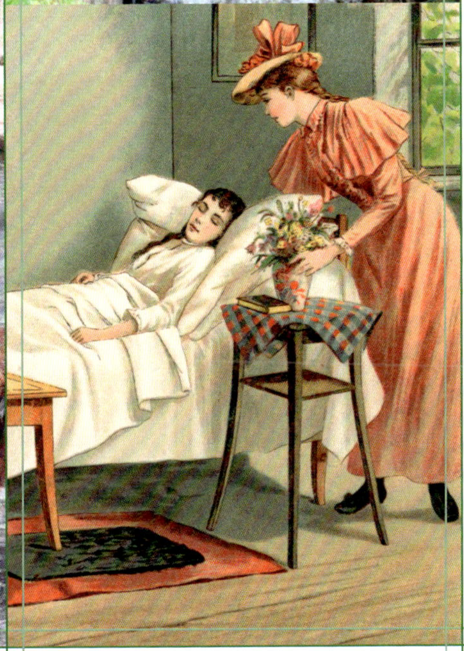

Sebastian Kneipp (1821–1897) ist als der »Wasserdoktor« bekannt, der Mann der kalten Duschen und der hochgekrempelten Hosenbeine. Dabei war der medizinische Autodidakt aus dem bayerischen Schwaben viel mehr als nur der Begründer und Vertreter einer speziellen Kurform.

Kneipp propagierte und verwirklichte vieles, was man heute vielleicht als »ganzheitliche Lebensweise« bezeichnen würde: Bewegung an frischer Luft, gesunde und ausgewogene Ernährung, innere Ruhe, aber auch Fürsorge für Menschen, denen es schlechter geht. Zudem ist er ein bemerkenswertes Beispiel für Bodenständigkeit: Sein ganzes Leben spielte sich in einem nicht mehr als 100 Kilometer großen Umkreis um seine Heimat ab. Geboren in ärmlichsten Verhältnissen in Stephansried bei Memmingen, musste er schon als Kind am Webstuhl oder als Hirte arbeiten. Seine Schulausbildung zog sich aus diesem Grund in die Länge. Erst mit 21 Jahren gelang es ihm, am Gymnasium zugelassen zu werden und anschließend auf das ersehnte Priesterseminar zu gehen. 1849 erkrankte er schwer an Tuberkulose und heilte sich selbst mithilfe eines Buches des schlesischen Arztes Johann Siegmund Hahn. Dieses Erlebnis brachte die Wende: Obwohl er weiter die Priesterlaufbahn verfolgte, beschäftigte Kneipp sich zunehmend mit der Heilkraft des Wassers. Als er 1855 an ein Kloster in Wörishofen versetzt wurde, baute er dort massiv die Landwirtschaft aus und behandelte nebenbei mehrere Menschen, was ihm einige Prozesse wegen Kurpfuscherei einbrachte. Auch im Bereich der Kräuterheilkunde machte er zunehmend positive Erfahrungen. Der Erfolg seiner Methoden gab ihm letzten Endes Recht. Und nur durch ihn wurde Wörishofen zu dem bekannten Kurort, der es heute noch ist.

Das Robert-Koch-Institut ist die zentrale Einrichtung der Bundesregierung auf dem Gebiet der Krankheitsüberwachung und -prävention. Seine Kernaufgaben sind die Erkennung, Verhütung und Bekämpfung von Krankheiten (großes Bild).

Bildleiste rechts: Eingang des Robert-Koch-Instituts in Berlin-Wedding (oben); Robert Koch (Mitte: mit seiner Frau) erhielt 1905 für seine Forschungen und

Entdeckungen im Bereich der Tuberkulose den Nobelpreis; ganz unten: Ausschnitt aus »Methoden der Bakterien-Forschung« (1886) von Hueppe.

Heute weiß jedes Kind, dass Bakterien Krankheiten verursachen können. Zu Zeiten Robert Kochs (1843–1910) war das eine revolutionäre Erkenntnis – und aus den Abertausenden verschiedener Mikroben die herauszufinden, die eine Krankheit verursachen, schien erst recht unmöglich. Doch Robert Koch gelang dies: Er legte so die wissenschaftlichen Grundlagen für die Bakteriologie.

Geboren als Sohn eines Bergbauingenieurs in Clausthal im Harz, zeigte Robert Koch schon früh Interesse für die Natur. Er studierte Naturwissenschaften und Medizin in Göttingen, wo sein Lehrer Jacob Henle schon damals überzeugt war, dass Mikroben bestimmte Krankheiten verursachen; aber das ließ sich noch nicht beweisen. 1872 wurde Koch Amtsarzt, nebenher forschte er auf eigene Faust. Mit Erfolg: 1876 gelang ihm die Isolierung des Milzbranderregers, der später Bacillus anthrancis genannt wurde. Das war der erste Beweis dafür, dass es tatsächlich winzig kleine Lebewesen sind, eben Mikroben, die gefürchtete Krankheiten verursachen. Nach einer Veröffentlichung zur Systematik der Wundinfektionskrankheiten wurde Koch als Professor an das kaiserliche Gesundheitsamt Berlin berufen. Dort entdeckte er den Tuberkulose-Erreger – was enormes Aufsehen erregte, starben an der Schwindsucht doch jährlich Zehntausende. Seine Verkündung jedoch, er habe ein Heilmittel entwickelt, erwies sich als voreilig: An dem als Gegenmittel gepriesenen Tuberkulin starben die Menschen auch, was seiner Karriere keinen Abbruch tat. Er fuhr nach Ägypten und Indien, Südafrika und Australien, erforschte die Malaria und die Pest, die Schlafkrankheit und die Amöbenruhr. 1905 erhielt Robert Koch für seine Forschung zur Tuberkulose den Medizin-Nobelpreis.

Eindrucksvoll, aber nicht unumstritten: Im ansonsten leeren Innenraum der Neuen Wache in Berlin steht die – gegenüber dem Original etwas vergrößerte – Kollwitz-Statue »Mutter mit totem Sohn« (großes Bild).

Im Käthe-Kollwitz-Museum in Köln kann man das vollständige plastische Werk, alle Plakate sowie fast 700 Zeichnungen und Druckgrafiken besich-

tigen (kleine Bilder links). Rechts: Statue im Käthe-Kollwitz-Museum in Berlin; Skulpturengruppe auf dem Deutschen Soldatenfriedhof Vladslo.

»Nie wieder Krieg« hieß eines der berühmtesten Plakate von Käthe Kollwitz (1867–1945). Die ostpreußische Künstlerin ist die wichtigste deutsche Grafikerin des 20. Jahrhunderts. Neben Lithografien, Radierungen und Holzschnitten schuf sie aber auch beeindruckende Skulpturen.

Schlagartig bekannt wurde Käthe Kollwitz 1898 mit ihrem ersten Radierzyklus »Ein Weberaufstand«, den sie nach Gerhart Hauptmanns sozialem Drama »Die Weber« geschaffen hatte. Mit dem grauen Alltag der Fabrikarbeiter und der Not der Unterdrückten beschäftigte sie sich ein Leben lang. Nachdem im Ersten Weltkrieg ihr Sohn Peter gefallen war, kamen Krieg und Tod als dominierende Themen hinzu. Sie gehörte zu jenen Künstlern der Berliner Secession, deren Werke Kaiser Wilhelm II. als »Rinnsteinkunst« abkanzelte. Auch den Nationalsozialisten passten die beeindruckenden Dokumente menschlicher Verzweiflung nicht. Sie wollten keine verzweifelten Mütter sehen, die ihre Söhne vor dem Krieg zu schützen suchten, keine Eltern, die um den toten Sohn trauerten. Sie verhinderten Ausstellungen und beschlagnahmten ihre Werke. Im Jahr 1933 zwangen sie Käthe Kollwitz, aus der Preußischen Akademie der Künste auszutreten, in die sie 1919 als erste Frau überhaupt aufgenommen worden war. Zweimal stellte sie in der Sowjetunion aus. Eine strikte Kommunistin war sie aber nicht. 1927 sagte sie: »Manchmal weiß ich nicht, ob ich überhaupt Sozialist bin oder nicht vielmehr Demokrat.« Keine Zweifel hegte sie aber an ihrer Pflicht, den Finger in die Wunden der Zeit zu legen – ganz im Geist des sozialistischen Realismus: »Ich bin einverstanden, dass meine Kunst Zwecke hat. Ich will wirken in dieser Zeit, in der die Menschen so ratlos und hilfsbedürftig sind.«

Diese aus dem Jahr 1660 stammende Illustration zeigt das Universum nach der Auffassung Kopernikus', bei der die Sonne im Mittelpunkt steht und nicht mehr – wie bis dahin angenommen – die Erde (großes Bild).

Rechte Bildleiste: Kopernikus ist der wohl bekannteste Sohn des polnischen Toruń (Thorn), vor dessen Rathaus das Nikolaus-Kopernikus-

Denkmal steht. Der Wissenschaftler wurde 1473 in dem Ort geboren. Ganz unten: Porträt Nikolaus Kopernikus', anonym.

Mit seinem Namen ist eine der größten Entwicklungen der Wissenschaft überhaupt verbunden, die »kopernikanische Wende«. Denn Nikolaus Kopernikus (1473–1543) formulierte die Einsicht, dass die Erde sich um die Sonne dreht und nicht umgekehrt.

Doch der Mann, der als Nicolai Koppernigk im polnischen Thorn geboren wurde und seinen Namen später latinisierte, hätte diesen Umschwung allein sicher nicht geschafft: Er wusste, dass die Sonne im Mittelpunkt steht, aber er konnte es nicht beweisen. Erst mehr als ein halbes Jahrhundert nach seinem Tod verhalfen Galileo Galilei und Johannes Kepler der neuen Sichtweise zum Durchbruch. Ob Kopernikus Pole oder Deutscher war, ist eine häufig diskutierte Frage, die sich nicht eindeutig beantworten lässt. Er studierte 15 Jahre lang in Krakau, Bologna, Ferrara und Padua, unter anderem Mathematik, Astronomie, alte Sprachen, Kirchenrecht und Medizin. Zurück in Polen, wurde er durch Beziehungen zum Kanzler des Ermländer Domkapitels (Ostpreußen) ernannt – eine Verwaltungsaufgabe mit politischen, militärischen, kirchlichen und medizinischen Aspekten. Geschickt lavierte er im Spannungsfeld zwischen dem an Macht verlierenden Deutschen Orden, dem Königreich Polen und dem aufstrebenden Kurfürstentum Preußen. Seine astronomischen Studien betrieb er nebenbei. Durch Beobachtungen und Überlegungen festigte er seine Überzeugung, dass die Planeten, unter ihnen die Erde, die Sonne umrunden. Diese Erkenntnisse ließ er zunächst nur in Gelehrtenkreisen zirkulieren. Erst kurz vor seinem Tod entschloss er sich, sein Hauptwerk »De revolutionibus orbium coelestium« (»Über die Kreisbewegungen der Himmelskörper«) zu veröffentlichen. Er starb am 24. Mai 1543 an einem Schlaganfall.

Park und Hauptgebäude der Villa Hügel in Essen (großes Bild). Die Anlage wurde 1873 nach Plänen Alfred Krupps fertiggestellt. Heute finden hier regelmäßig Ausstellungen statt, daneben sind einige Privaträume zu besichtigen.

Ein Besuch der Krupp'schen Villa lohnt sich. Bildleiste rechts: Ausstellung in der Villa Hügel (oben). Bild in der Mitte: Statue Krupps im Park des

Anwesens. Neben wechselnden Ausstellungen werden im imposanten Großen Saal der Villa Hügel auch Konzerte ausgerichtet (ganz unten).

Der Name Alfred Krupp (1812–1887) steht wie kein anderer für Stahl und Kanonen, für die Industrialisierung, aber auch die Militarisierung Deutschlands in der Gründerzeit.

In der langen Dynastie der Familie Krupp, die seit dem 16. Jahrhundert in Essen ansässig war, war Alfred derjenige, der dem Familienbetrieb den größten Aufschwung gab: von einer kleinen Gussstahlfabrik zum seinerzeit größten Industrieunternehmen Europas. Als er 14 war, starb sein Vater Friedrich. Alfred brach die Schule ab, erlernte das Guss- und Schmiedehandwerk und führte mit der Mutter die Firma. Doch das Unternehmen war verschuldet und lief schlecht. Krupp versuchte alles Mögliche, produzierte Münzstempel, Besteck, Handwerksgeräte und einfache Waffen, alles aus Stahl. Schließlich kam der Aufschwung: durch den Ausbau der Eisenbahn, für die man Achsen und Schienen benötigte, vor allem aber durch die nahtlosen Eisenbahnreifen, die Krupp 1853 erfunden hatte. Nach langer Experimentierphase reüssierte die Firma zunehmend durch die Produktion von Kanonen und Waffen. Die Krupp'schen Stahlkanonen waren denen bis dahin verwendeten aus Bronze weit überlegen, was sich im Deutsch-Dänischen und im Deutsch-Französischen Krieg 1870/71 entscheidend auswirkte. Bei der Londoner Weltausstellung 1852 wurde ein zwei Tonnen schwerer Gussstahlbock präsentiert und ausgezeichnet. Das Unternehmen, das 1830 noch 60 Mitarbeiter zählte und um 1850 rund 1000, wuchs Ende der 1880er-Jahre auf 20 000 an. Von seinen Mitarbeitern erwartete Krupp Loyalität, dafür bot er ihnen eine weitreichende Fürsorge wie Krankenversicherung und Rente. Krupp starb 1887. Sein Sohn Friedrich übernahm die Firma und führte sie ins 20. Jahrhundert, in dem die Rolle als Waffenlieferant schreckliche Folgen haben sollte.

Schauspieler Uwe Dreysel bei den Proben zum Fünfakter »Die Wupper« im Theater am Engelsgarten, Wuppertal (großes Bild). Das expressionistische Stück von Else Lasker-Schüler thematisiert Religion, menschliche Beziehungen und soziale Probleme.

Im Jahr 1975 war Else Lasker-Schüler auf einer 50-Pfennig-Briefmarke abgebildet (unten links). Als eine der wenigen Frauen ihrer Zeit vertrat sie den

Kunststil des Expressionismus. Als sie Ende des 19. Jahrhunderts nach Berlin zog (rechts: Porträt um 1925), schloss sie sich bald Gleichgesinnten an.

Sie war ein Star der Berliner Boheme, extravagant und exotisch, trug weite Hosen und kurze Haare oder verkleidete sich als Prinz: Else Lasker-Schüler (1869–1945), expressionistische Dichterin. Gottfried Benn sagte von ihr, sie sei »die größte Lyrikerin, die Deutschland je hatte«.

Sie hinterließ nicht nur ein großes literarisches Werk, sie illustrierte auch einige ihrer Bücher selbst, zeichnete und malte. In Wuppertal-Elberfeld geboren, jüdischer Herkunft, als Lyrikerin geschätzt, bekam Else Lasker-Schüler 1932 den Kleist-Preis, was die Nationalsozialisten bereits scharf kritisierten. Liebeslyrik nimmt in ihrem ungemein facettenreichen Werk einen breiten Raum ein, ebenso religiös-mystische Gedichte. »Meine Wunder« (1911) machte sie zur führenden Expressionistin in Deutschland. Sie neigte zu grandioser Selbstinszenierung, etwa als Prinz von Theben; sie jonglierte im Leben wie auch im Schreiben mit Fakten und Fiktion, spielte mit Namen und Daten, reicherte ihre Biografie (und die Geschichte ihrer Familie) mit fantastischen Legenden an, sodass sie selbst im exaltierten Berlin der 1920er-Jahre als Paradiesvogel galt. Künstler wie Gottfried Benn, Georg Trakl und Franz Marc verehrten sie wie eine Königin; von den Bürgern dagegen wurde sie als zweifach geschiedene, immer in Geldnöten lebende Vagabundin verspottet. 1933 musste sie nach Angriffen auf offener Straße in die Schweiz fliehen. Doch auch dort machten ihr die Behörden das Leben schwer, erteilten ihr Arbeitsverbot, ließen sie bespitzeln und verweigerten ihr nach ihrer dritten Palästinareise 1939 schließlich die erneute Einreise. Als sie am 23. Januar 1945 in Jerusalem auf dem Ölberg beigesetzt wurde, hatte ein wildes, ungeheuer kreatives, unkonventionelles Leben seinen Abschluss gefunden.

Skulpturen von Luther, Leibniz, Kepler und Johannes Sturm zieren einen Teil der Fassade des Universitätspalais Straßburg (kleines Bild unten). Leibniz zählt zu den wichtigsten Denkern des 17./18. Jahrhunderts.

Leibniz verfasste seine Schriften in französischer und lateinischer Sprache. Seine »Opera Omnia« erschienen 1768 in sechs Bänden in Genf (großes Bild);

an einer Gesamtausgabe sämtlicher Schriften wird seit 1901 gearbeitet. Der gesamte wissenschaftliche Nachlass wird in Hannover aufbewahrt.

Zu seiner Zeit galt Gottfried Wilhelm Leibniz (1646–1716) als Universalgenie und als führender deutscher Philosoph. Seine bedeutendste Leistung aber erbrachte er in der Mathematik. Er entwickelte die Differential- und Integralrechnung und verhalf ihr zum Durchbruch.

Gottfried Wilhelm Leibniz kam in Leipzig auf die Welt, studierte Philosophie und Rechtswissenschaft und trat in den diplomatischen Dienst ein. Als Diplomat hielt er sich unter anderem in Paris auf, wo er den niederländischen Naturwissenschaftler Christiaan Huygens kennenlernte. Von diesem inspiriert, orientierte sich Leibniz neu und wurde innerhalb kürzester Zeit Professor für Mathematik. Er entwickelte die Differential- und Integralrechnung. Sie ist dort von Nutzen, wo man es mit sich stetig verändernden Größen und Grenzwerten zu tun hat. Bald entwickelte sich zwischen ihm und seinem englischen Wissenschaftskollegen Isaac Newton ein Streit über die Urheberschaft ihrer Entdeckung. Heute wissen wir, dass beide Forscher unabhängig voneinander diesen Bereich der höheren Mathematik entwickelt haben, Leibniz machte ihn in Europa bekannt. Auf ihn gehen zudem viele noch bis heute verwendete mathematische Zeichen zurück. Den Philosophen Leibniz verbindet man vor allem mit dem Zitat von der »besten aller möglichen Welten«. Ihm zufolge besteht das Universum aus ungezählten Kraftzentren oder sogannten Monaden, die weder entstehen noch vergehen können. Sie existieren unabhängig voneinander und können nicht aufeinander einwirken. »Sie haben keine Fenster«, meinte der Meister, der es allerdings hinnehmen musste, dass seine Monadenlehre von Voltaire in dessen Roman »Candide« literarisch verulkt wurde.

Über das 112 Hektar große Dessau-Wörlitzer Gartenreich, das nach insgesamt 35 Jahren Arbeit 1800 vollendet wurde, finden sich zahlreiche Kulissenbauten verstreut, so z. B. Schloss Wörlitz (kleines Bild unten; großes Bild: am Wörlitzer See).

In ihrer harmonischen Verbindung von englischer Gartenlandschaft mit vorwiegend klassizistischen Bauten und Denkmälern spiegelt die Anlage die

künstlerischen und philosophischen Leitvorstellungen des ausgehenden 18. Jahrhunderts wider. Kleines Bild rechts: das Gotische Haus.

Als Herrscher war er unbedeutend, aber er hat ein erstaunliches Erbe hinterlassen: Leopold III., Fürst von Anhalt-Dessau (1740 bis 1817). Sein Dessau-Wörlitzer Gartenreich, Teil des UNESCO-Welterbes, enthält nicht nur mehrere Schlösser, großartige Parks und den ältesten Englischen Garten außerhalb Englands – es ist ein landschaftlich-politisches Gesamtkunstwerk.

Der junge Fürst, der als Elfjähriger verwaist war und von seinem Onkel erzogen wurde, kämpfte noch als Jugendlicher an der Seite der Preußen im Siebenjährigen Krieg mit. Bereits seine erste Schlacht widerte ihn derma-ßen an, dass er aus der preußischen Armee austrat und kurz darauf, als er 18-jährig die Regierung des Fürstentums übernommen hatte, sich gegenüber Preußen als neutral erklärte – ein enorm mutiger Schritt, für den er erhebliche Strafzahlungen zu leisten hatte. Doch er war zu stark von den Ideen der Aufklärung und des Humanismus fasziniert, als dass er in einem Militärstaat glücklich geworden wäre. Mit seinem langjährigen Freund, dem Architekten Friedrich Wilhelm von Erdmannsdorff, reiste er durch halb Europa auf der Suche nach Ideen, die sie zu Hause umsetzen könnten. Besonders England und dessen Ablehnung des französischen Absolutismus hatten es ihnen angetan. Gemeinsam gestalteten sie den Wörlitzer Park im englischen Stil um, öffneten ihn für das Volk, bauten ein Schloss in klassizistischer Manier, führten neue landwirtschaftliche Verfahren wie die Fruchtwechselwirtschaft ein und legten Musterbetriebe zur Versorgung der Bevölkerung an. Johann Wolfgang von Goethe schaute mehrmals vorbei und war begeistert. Fürst Leopold III. starb 1817 nach einem Reitunfall; sein Musterländle ist schöner denn je.

Heute ist die Herzog-August-Bibliothek in Wolfenbüttel – die Wirkungsstätte Lessings von 1770 bis zu seinem Tod 1781 – eine der schönsten und wichtigsten historischen Bibliotheken Deutschlands (großes Bild).

Rechte Bildleiste, von oben: Judenplatz mit Lessing-Denkmal in Wien; historischer Stahlstich von Ferdinand Rothbart (1823–1899) mit einer Szene aus

»Miss Sara Sampson« (1755), dem ersten bürgerlichen Trauerspiel Lessings; Lederbände aus der Sammlung der Herzog-August-Bibliothek.

Gäbe es lediglich seine Theaterstücke, wäre Gotthold Ephraim Lessing (1729–1781) vielleicht nur noch Spezialisten bekannt. Aber Dichtung war für ihn niemals nur Selbstzweck – und das machte ihn zum Theoretiker der Literatur und des Theaters, zum Philosophen, zum Kämpfer gegen die Intoleranz, zum Vordenker des Bürgertums, kurz: zu einem der größten deutschen Aufklärer.

Geboren als Sohn eines protestantischen Pastors aus der Oberlausitz, begann Gotthold Ephraim Lessing nach der Lateinschule in Leipzig Theologie zu studieren, ging aber bereits zwei Jahre später nach Berlin, wo er als Übersetzer, Rezensent und Redakteur arbeitete sowie Gedichte und Theaterstücke schrieb. In dieser Zeit begegnete er Voltaire. Auf Drängen seines Vaters ging er für kurze Zeit nach Wittenberg, um dort sein Studium abzuschließen, kehrte aber bald nach Berlin zurück, wo er unter anderem den Schriftsteller und Verleger Friedrich Nicolai und den Philosophen Moses Mendelssohn kennenlernte. Es folgte eine unruhige Zeit mit Stationen in Breslau, erneut in Berlin, als Dramaturg in Hamburg, bevor er 1770 eine Festanstellung als Bibliothekar an der Herzog-August-Bibliothek in Wolfenbüttel erhielt. 1772 kam »Emilia Galotti« heraus, bereits 1763 war »Minna von Barnhelm« erschienen. Seine wichtigsten Schriften entstanden gegen Ende seines Lebens: das religionsphilosophische Hauptwerk »Die Erziehung des Menschengeschlechts« (1780) und das Religionsdrama »Nathan der Weise« (1779). Beide Texte, die auch Lessing selbst als sich ergänzende Schriften ansah, sind wegen ihrer tiefgründigen Auseinandersetzung mit dem Wahrheitsanspruch der Religionen und ihrem Beharren auf der Toleranz gerade heute hochaktuell.

Modell eines Doppeldecker-Gleiters in einer Sonderausstellung in der Nikolaikirche Anklam (großes Bild). Der Flugpionier wurde im Jahr 1848 in dem Ort geboren und in der Nikolaikirche getauft.

Bildleiste rechts: Nicht nur das Otto-Lilienthal-Museum in Anklam enthält Modelle und Repliken aller Fluggleiter, die Lilienthal konstruiert hat, auch das

Deutsche Museum in München (zweites Bild von oben) oder das Deutsche Technikmuseum in Berlin-Kreuzberg (drittes Bild von oben) zeigen Modelle.

Das Flügelschlagen übte er schon als Jugendlicher. Gemeinsam mit seinem Bruder Gustav bastelte Otto Lilienthal (1848–1896) Flügel aus Buchenspanbrettern, und dann liefen die beiden – nachts, um nicht den Spott der anderen auf sich zu ziehen – einen kleinen Hügel herunter und versuchten abzuheben.

Ähnliches hatten vorher schon viele probiert. Doch keiner verfolgte die Idee so hartnäckig wie der 1848 in Anklam in Pommern geborene Otto Lilienthal. Er beobachtete den Flug der Vögel, stellte Berechnungen an und machte über 1000 Flugversuche. Damit wurde er zum Begründer der Aerodynamik und der modernen Luftfahrt. Nach dem Ingenieursstudium hatte er sich zunächst nicht sehr erfolgreich als Erfinder versucht. 1881 aber erhielt er das Patent für den Schlangenrohrkessel, einen explosionssicheren Dampfkessel, der sich gut verkaufte. Die kleine Werkstatt in Berlin wuchs zu einem Betrieb mit etwa 60 Mitarbeitern heran. Ab 1894 entstand hier auch der auf dem Tragflügelprinzip beruhende »Normalsegelapparat«, von dem mindestens 21 Stück gebaut wurden. In seiner Unternehmensführung war Lilienthal sehr modern. Schon 1890 beteiligte er die Arbeiter am Gewinn. Bis zum Ersten Weltkrieg hielt sich die »Dampfkessel- und Maschinenfabrik Otto Lilienthal«. Sein Hauptwerk aber blieben die Flugapparate. Um seine Konstruktionen ausprobieren zu können, ließ er in Berlin-Lichterfelde auf eigene Kosten einen 15 Meter hohen Hügel aufschütten, der bald als Fliegerberg bekannt wurde. Doch schließlich wurde ihm seine Flugleidenschaft zum Verhängnis: Bei einem seiner Versuche stürzte er aufgrund eines Thermikabrisses aus 20 Metern Höhe ab, brach sich das Rückgrat und starb am Tag darauf. Er war erst 48 Jahre alt.

Hinter dem von König Ludwig II. erbauten Märchenschloss Neuschwanstein bei Füssen liegen die beiden Seen Alpsee und Schwansee (großes Bild). Dahinter eröffnet sich das traumhafte Panorama der Ammergauer Alpen.

Ludwig II. schuf Bauwerke, die heute Besucher aus aller Welt faszinieren. Bildleiste rechts: der dem Spiegelsaal in Versailles nachempfundene Saal in

Schloss Herrenchiemsee; der sakral wirkende Thronsaal auf Neuschwanstein; die künstliche Tropfsteinhöhle »Venusgrotte« im Schloss Linderhof.

Millionen Touristen können nicht irren: Niemand hat schönere Schlösser gebaut als König Ludwig II. (1845–1886) von Bayern. Neuschwanstein ist der Inbegriff eines Märchenschlosses, Herrenchiemsee die eigenständige Variation von Versailles, Linderhof ein Musterbeispiel eines Lust- und Jagdschlosses.

Nicht zu vergessen ist auch das Festspielhaus in Bayreuth, diesen kuriosen Musiktempel, der auf seine Art einzigartig in der Welt ist und den Ludwig II. dem verehrten Richard Wagner »schenkte«. Ein Teil der Faszination für Ludwig II. rührt sicher daher, dass er als König eine absolute Fehlbesetzung war. Nichts, abgesehen vom Militär, war ihm unangenehmer als das Regieren, nichts lag ihm ferner als Machtausübung. Er kam 1845 als Sohn des Kronprinzen Maximilian zur Welt und wurde im Alter von drei Jahren, als sein Vater König wurde, selbst Kronprinz. Mit 18 Jahren bestieg er den bayerischen Thron. Von Anfang an lief die große Politik an ihm vorbei: der Krieg gegen Preußen an der Seite der Österreicher; dann mit Preußen gegen Frankreich; Otto von Bismarcks Reichsgründung, zu der er sich die Zustimmung erkaufen ließ, um seine Schlösser weiterbauen zu können. Selbst seiner Entmündigung, die schon Monate vor seinem ungeklärten Tod im Starnberger See abzusehen war, widersetzte er sich kaum. Schwer zu sagen, ob er jemals glücklich war – vielleicht, wenn er sich im Schwanenboot durch die künstliche Grotte in Linderhof treiben ließ oder wenn er allein für sich ein komplettes Orchester eine Wagner-Oper spielen ließ, zum Beispiel den »Tannhäuser«… Mit seinen herrlich gelegenen Traumschlössern aber er hat Dinge hinterlassen, die andere Menschen faszinieren und glücklich machen. Er könnte stolz sein.

Auf der Wartburg gewährte ihm sein Gönner Kurfürst Friedrich der Weise von 1521 bis 1522 Zuflucht (großes Bild). Innerhalb von nur elf Monaten übersetzte Luther hier das Neue Testament aus dem Griechischen ins Deutsche.

Martin Luthers Spuren reichen in viele deutsche Städte. Rechte Bildleiste: der Marktplatz mit Rathaus, St. Andreaskirche und Luther-Denkmal in Eisleben;

Lutherstube in der Wartburg; Sterbezimmer des Theologen in Eisleben; Luthers Grabmal in der Wittenberger Schlosskirche.

Er ist die herausragende Figur des 16. Jahrhunderts, der Mann, der die politische und kulturelle Landschaft auf lange Zeit veränderte: Martin Luther (1483–1546). Seine Sprachkraft, sein unbeugsamer Glaube, sein moralischer Furor und nicht zuletzt seine markante Physiognomie beeindrucken bis heute.

Geboren und aufgewachsen im damals thüringischen Eisleben als Sohn eines Bergbauunternehmers, hatte er Philosophie studiert und ein Rechtsstudium begonnen. 1505 geriet der junge Mann in eine lebensgefährliche Situation und legte das Gelübde ab, ins Kloster zu gehen. Nach zwei Jahren bei den Augustinern wurde er zum Priester geweiht und bald nach Wittenberg versetzt, um dort Theologie zu studieren und zu lehren. Die Erfahrung einer Romreise und sein Suchen nach dem richtigen Verhältnis zu Gott führten ihn zu einer zunehmend kritischen Haltung gegenüber der Amtskirche. Luther prangerte alle Formen von Bigotterie an, besonders den Ablasshandel. Im sogenannten »Turmzimmererlebnis« überkam ihn die Erkenntnis, dass die Gnade Gottes dem Einzelnen nur direkt zuteil werden kann und die kirchlichen Autoritäten dabei keine Rolle spielen. Durch Thesenpapiere, die er an Fachkollegen verteilte – ob er wirklich vor 500 Jahren die berühmten 95 Thesen an der Wittenberger Schlosskirche anschlug, ist zweifelhaft – gewann sein Kampf an Schärfe. 1521 wurde er exkommuniziert und für vogelfrei erklärt. Sein Förderer, Kurfürst Friedrich der Weise, versteckte ihn auf der Wartburg, wo Martin Luther noch im selben Jahr das Neue Testament ins Deutsche übersetzte (z.B. sein berühmter »Sendbrief vom Dolmetschen« von 1530) und damit zugleich zum einflussreichsten deutschen Sprachschöpfer wurde. Die Strahlkraft seiner Persönlichkeit war ein wichtiger Faktor am Beginn der Reformation.

Das Signet der Volksbühne am Rosa-Luxemburg-Platz in Berlin (kleines Bild unten). Inzwischen wird die Aufstellung eines Luxemburg-Denkmals auf dem Platz für die sozialistische Vorkämpferin diskutiert.

Am 31. Mai 1919 fand ein Schleusenarbeiter den Leichnam Rosa Luxemburgs im Landwehrkanal (großes Bild). Dieser schräg ins Wasser reichende

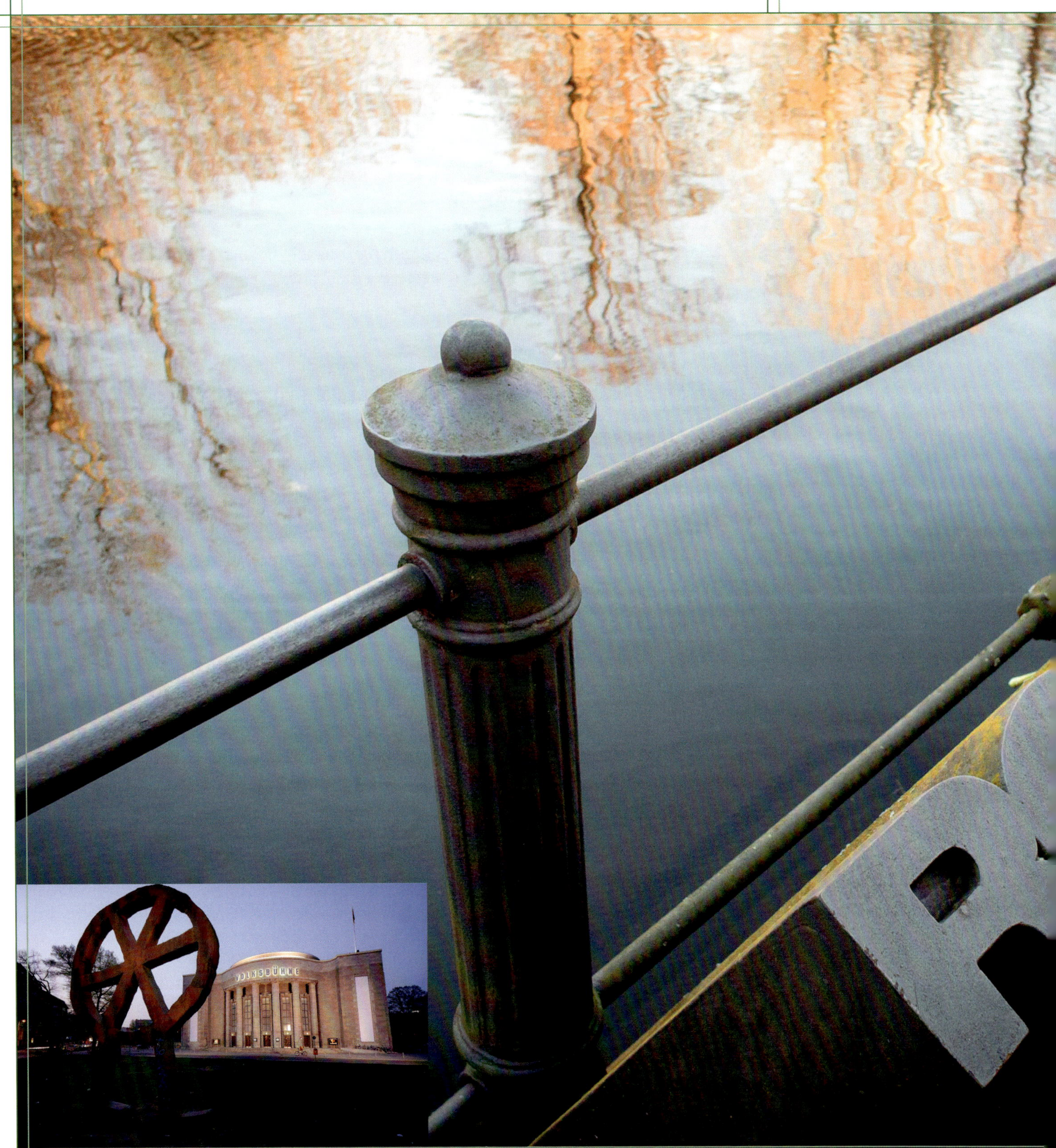

Rosa Luxemburg

Schriftzug mit ihrem Namen ist unter der Lichtensteinbrücke angebracht worden. Besucher legen im Gedenken an die Sozialistin Blumen ab.

»Freiheit ist immer die Freiheit des Andersdenkenden.« Ein Satz wie für die Ewigkeit – und vielleicht das wichtigste politische Vermächtnis der polnisch-deutschen Sozialistin, Pazifistin und Demokratin Rosa Luxemburg (1871–1919).

Bereits im Gymnasium engagierte sie sich in der polnischen Linkspartei »Proletariat«. Als ihr deswegen Gefängnis drohte, floh sie direkt nach dem Abitur in die Schweiz. In Zürich studierte sie Philosophie, Geschichte, Politik, Ökonomie und Mathematik und promovierte 1897 über Polens industrielle Entwicklung. Im Jahr 1898 kam sie nach Berlin, trat in die SPD ein und begann eine intensive Auseinandersetzung um den rechten Weg in eine sozialistische, gerechte und friedliche Gesellschaft. Rosa Luxemburg stritt mit Parteigenossen um den Kurs der SPD, mit Lenin über die Diktatur des Proletariats und mit politischen Weggefährten wie Karl Liebknecht um das rechte revolutionäre Vorgehen in Deutschland, wurde mehrmals verhaftet, veröffentlichte Artikel und Bücher als marxistische Theoretikerin und rief zur Kriegsdienstverweigerung auf. Sie bekämpfte mit scharfer Rhetorik die Kompromissbereitschaft der SPD, die sich lediglich für Reformen und materiellen Wohlstand einsetzte, aber vom Ziel der marxistischen Revolution abrückte. Dass die SPD 1914 im Reichstag den Kriegskrediten zustimmte, empfand sie als kaum erträgliche persönliche Niederlage. Gemeinsam mit Liebknecht, der als einziger SPD-Abgeordneter den Krediten und damit dem Krieg seine Stimme verweigerte, gründete sie den Spartakusbund. Auch an der Gründung der KPD war sie beteiligt. Nach dem Scheitern des Spartakusaufstands wurde sie 1919 zusammen mit Liebknecht ermordet. Mit dem gewaltsamen Tod setzt sich u.a. Max Beckmanns »Martyrium« auseinander.

Das Innere des Buddenbrook-Hauses in Lübeck ist im Stil der Zeit am Ende des 19. Jahrhunderts eingerichtet und entführt den Besucher in die Welt des 1929 mit dem Nobelpreis prämierten Romangeschehens (großes Bild).

Im sogenannten Buddenbrook-Haus lebte die Familie Mann fast 50 Jahre lang. Thomas Mann verarbeitete ihre Geschichte in seinem Debütroman

»Die Buddenbrooks« (1901) kunstvoll zu einem Porträt der Gründerzeit. Auch diverse Lübecker Persönlichkeiten fanden Einzug in das literarische Werk.

Thomas Mann (1875–1955) war die vielleicht eindrucksvollste Verkörperung des »Großschriftstellers«, die Deutschland im 20. Jahrhundert erlebt hat, und zudem Sinnbild für jenen moralisch integren Teil des Bürgertums, der sich in klarer Gegnerschaft zu den Nationalsozialisten befand.

Thomas Mann wurde 1875 als Sohn einer Lübecker Kaufmannsfamilie geboren. Im Jahr 1895 begann er ein Studium an der Technischen Hochschule in München, 1898 wurde er Lektor der Zeitschrift »Simplicissimus« und veröffentlichte von da an unaufhörlich Erzählungen, Novellen und Romane. Bereits 1901 erschien der großangelegte Familienroman »Buddenbrooks«, für den Mann 1929 den Nobelpreis erhalten sollte. 1905 heiratete er die reiche Bankierstochter Katja Pringsheim. Mit ihr hatte er fünf Kinder, von denen Erika, Klaus und Golo selbst wiederum berühmt wurden. Seine Erzählung »Der Tod in Venedig« erregte 1912 wegen ihrer homoerotischen Anspielungen großes Aufsehen. Im Jahr 1924 erschien das Meisterwerk »Der Zauberberg«, ein weit ausholender Zeit- und Bildungsroman. 1933 ging die Familie ins Exil. Drei Jahre später wurde Thomas Mann die deutsche Staatsbürgerschaft entzogen und sein Vermögen beschlagnahmt. Über die Schweiz und Südfrankreich kamen die Manns 1941 nach Amerika, wo der Schriftsteller 1944 die US-Staatsbürgerschaft erhielt und zur Stimme des deutschen Exils wurde. In über 60 monatlichen Radioreden in der BBC prangerte Mann die Barbarei des Nationalsozialismus an. 1947 erschien der Roman »Doktor Faustus« und 1954 sein letzter großer Erfolg, »Bekenntnisse des Hochstaplers Felix Krull«. Ab 1951 lebte Thomas Mann in Kilchberg am Zürichsee, wo er am 12. August 1955 einem Herzinfarkt erlag.

Franz Marc ist vor allem für seine expressionistischen und sensiblen Tierdarstellungen bekannt. Pferde sind auf einem großen Teil der Gemälde zu finden; ein Beispiel ist »Stute mit Fohlen« aus dem Jahr 1912 (großes Bild).

Marc war fasziniert von der Tierwelt. Rechte Bildleiste, von oben: »Der Traum« (1912) im Museo Thyssen-Bornemisza, Madrid; »Große blaue

Pferde« (1911) im Walker Art Center, Minneapolis; »Kühe, gelb-rot-grün« und »Der Tiger« (beide 1912) im Lenbachhaus, München.

Franz Marc (1880–1916) gilt als einer der bedeutendsten Maler des Expressionismus in Deutschland. Als Plattform für gemeinsame Ausstellungen und Publikationen gründete er mit Wassily Kandisky den »Blauen Reiter«, in dessem Umfeld auch Jawlensky, Klee, Macke, Münter und später Heckel wirkten.

Geistlicher hatte der Sohn eines Münchner Landschafts- und Genre-Malers eigentlich werden wollen. Im Jahr 1900 immatrikulierte er sich dann aber doch an der Königlich Bayerischen Akademie seiner Heimatstadt. Mit einem begüterten Studienfreund reiste Franz Marc 1903 nach Paris (wo er die Werke von Courbet und Delacroix kennenlernte), in die Bretagne und in die Normandie. Danach richtete er sich in Schwabing sein erstes Atelier ein, begleitete den Bruder nach Saloniki und auf den Berg Athos, um sich dann in der Familien-Sommerfrische Kochel ganz der Kunst zu widmen. Nach einem erneuten Parisbesuch 1907, bei dem ihn besonders die Werke van Goghs und Gauguins beeindruckten, legte Marc den naturalistischen Stil des Akademismus komplett ab und arbeitete in postimpressionistischer Manier. Seine schlechte finanzielle Lage versuchte er, mit Zeichnungen zur Tieranatomie zu verbessern. Zwischen 1910 und 1914 verwendete er in seinen Gemälden zunehmend Stilelemente des Fauvismus, Kubismus und Futurismus, trennte sich jedoch nicht vollständig vom Gegenstand. In dieser Zeit entstanden seine bekanntesten Werke, z.B. »Der Tiger«, »Blaues Pferd I« und »Die gelbe Kuh«. Als der Erste Weltkrieg ausbrach, meldete sich Marc als Freiwilliger. Er starb bei einem Kundschaftsgang nahe Verdun. Sein Leichnam wurde nach Kochel am See überführt. Die Nationalsozialisten diffamierten Marc posthum als »entarteten Künstler« und beschlagnahmten mehr als 100 Werke aus deutschen Museen.

Die Inschrift mit einem Zitat von Karl Marx in der Berliner Humboldt-Universität zeigt, warum seine Theorien so große politische Sprengkraft besaßen: Die Aktion war ihm wichtiger als die reine Interpretation (großes Bild).

Untere Bildleiste, von links: Arbeiter bei der alljährlichen Siegesparade in Moskau; Karl Marx und Friedrich Engels überlebensgroß auf dem Marx-

Engels-Forum in Berlin; eine Installation (2013) des Künstlers Ottmar Hörl mit 500 roten Karl-Marx-Figuren auf dem Porta-Nigra-Platz in Trier.

Er war Philosoph und der wohl bedeutendste politische Denker des 19. Jahrhunderts, der der aufkommenden Arbeiterbewegung zu einer theoretischen Grundlage verhalf – Politiker war er aber eigentlich nicht: Karl Marx (1818–1883).

Dass sich auf die später »Marxismus« genannte Denkweise sozialistische und kommunistische Regimes in der ganzen Welt berufen und dabei die Ziele und Werte ihres Urhebers völlig unterschiedlich deuten sollten, dafür konnte er nichts. Seine in Trier beheimatete jüdische Familie war 1824 zum Protestantismus übergetreten, um dem Vater die Arbeit als Justizrat zu erhalten. Marx selbst, der als führender Kopf der Linkshegelianer galt, fand nach seiner Promotion 1841 keine akademische Anstellung und arbeitete deshalb als politischer Journalist in Köln, Paris und Brüssel. 1849 musste er schließlich nach London übersiedeln. Dort lebte er mit seiner Frau Jenny von Westphalen und drei Töchtern unter schwierigen wirtschaftlichen Verhältnissen im Exil, über Wasser gehalten durch die Zuwendungen seines Freundes und politischen Mitstreiters Friedrich Engels (1820–1895). Marx litt mit dem Alter zunehmend unter Gesundheitsproblemen, arbeitete aber bis zu seinem Tod 1883 weiter an seinem Werk, vor allem dem »Kapital«, einer umfassenden Kritik an der kapitalistischen Produktionsgesellschaft, deren vollständige Ausgabe Engels erst posthum herausgeben konnte. Begraben ist Karl Marx auf dem Highgate Cemetery in London. Die Kommunistische Partei Großbritanniens ließ dort 1854 einen Gedenkstein errichten. Er trägt als Inschrift die berühmte Losung, die Marx und Engels bereits 1848 in ihrem »Kommunistischen Manifest« niedergeschrieben hatten: »Arbeiter aller Länder, vereinigt euch!«

Mendelssohn-Bartholdy starb am 4. November 1847 in einem spätklassizistischen Bau in der Leipziger Goldschmidtstraße 12. Heute beherbergt das Mendelssohn-Haus ein Museum (großes Bild und kleines Bild unten).

Das Arbeitszimmer (großes Bild) vermittelt anschaulich den Eindruck der Räumlichkeiten, wie Mendelssohn sie in Leipzig bewohnte. Bilder rechts,

von oben: Büste von Felix Mendelssohn-Bartholdy im Mendelssohn-Haus; Grabstätte der Familie auf dem Dreifaltigkeitsfriedhof in Berlin-Kreuzberg.

Er war ein Frühvollendeter – ein Wunderkind, das nicht nur virtuos Klavier und Violine spielen, sondern auch brillant komponieren und in jugendlichem Alter gestandene Orchester dirigieren konnte: Felix Mendelssohn-Bartholdy (1809–1847).

Aus einer wohlhabenden und hoch musikalischen jüdischen Familie stammend, schrieb er bereits als Zehnjähriger innerhalb eines Jahres mehrere Lieder, Orgelstücke und Klaviersonaten, ein Klaviertrio, eine Sonate für Violine und Klavier und einen kleinen dramatischen Dreiakter. 1818 hatte er den ersten Auftritt als Pianist. Sein Erfolg von Beginn an, sein unglaubliches Arbeitstempo und seine stetige Entwicklung waren atemberaubend. Oft bekam er Angebote aufgrund von Arbeiten, die für ihn zu diesem Zeitpunkt schon wieder überwundene Entwicklungsphasen darstellten. 1829 reiste er zum ersten Mal nach England, wo Felix Mendelssohn-Bartholdy sowohl als Solist als auch als Komponist triumphierte; es sollten noch viele weitere Tourneen in Großbritannien und dem übrigen Europa folgen. 1833 wurde er Generalmusikdirektor in Düsseldorf; 1835 übernahm er in Leipzig die Leitung der Gewandhauskonzerte und erhielt bereits im Jahr darauf die Ehrendoktorwürde. 1837 heiratete er Cécile Jeanrenaud aus Frankfurt, mit der er fünf Kinder hatte. Seine Familie war sein Hort der Sicherheit, denn trotz seiner Erfolge hatte er in Deutschland immer wieder mit antijüdischen Ressentiments zu kämpfen; da half auch die Tatsache nicht, dass er zum Christentum übergewechselt war. 1843 gründete er in Leipzig das Conservatorium, die erste deutsche Musikhochschule, und wurde mit 34 Jahren zum Ehrenbürger ernannt. Als er vier Jahre später starb, hinterließ er ein Werk, das andere in fünf Leben nicht geschafft hätten.

Mit einer für ihre Zeit ungewöhnlichen Detailtreue widmete sich Maria Sibylla Merian der Tierwelt nicht nur ihrer Heimat, sondern auch fremder Länder, wie diese Abbildung eines Kaimans aus Suriname in Südamerika zeigt (großes Bild).

Einheimische wie exotische Pflanzen und Insekten bildete Maria Sibylla Merian in brillanten Farbillustrationen ab. Bilder rechts, von oben: Insekten

aus Suriname; Juckbohne (Mucuna) mit Insekten in unterschiedlichen Entwicklungsstadien; eine Tulpe und zwei Myrtenzweige.

Die Leistung dieser Frau ist kaum zu ermessen. Maria Sibylla Merian (1647–1717) war eine der ersten Wissenschaftlerinnen und sie war zugleich eine hervorragende Künstlerin. Eine Kombination von Gaben, die es so kaum je wieder gab.

Sie beschrieb als Erste die Metamorphose der Insekten und stellte sie in überirdisch schönen und zugleich genauen Bildern dar. Als Tochter des Verlegers und Kupferstechers Matthäus Merian in Zeichen- und Drucktechnik ausgebildet, hatte sie schon als Jugendliche viel gemalt, sich aber auch für Insekten und andere Tiere interessiert – eine damals vollkommen ungewöhnliche Leidenschaft. 1680 erschien ihr »Neues Blumenbuch«, das viel Erfolg hatte. Wohl um ihrer zunehmend unglücklichen Ehe zu entfliehen, zog sie 1685 in eine pietistische Lebensgemeinschaft in Westfriesland. Dort sah sie zum ersten Mal die schönen Schmetterlinge aus Suriname, wo die Gemeinschaft eine Missionskolonie unterhielt. In ihr reifte der Wunsch, die Tier- und Pflanzenwelt des tropischen Landes zu studieren. Doch erst 1699, mittlerweile in Amsterdam lebend, konnte sie ihn in Begleitung ihrer Tochter verwirklichen. Obwohl sie den Aufenthalt nach knapp zwei Jahren aus gesundheitlichen Gründen abbrechen musste, wurde er ein großer Erfolg. 1705 erschien das Buch »Metamorphosis Insectorum Surinamensium«. Forscher lobten das Werk, Kunstliebhaber bewunderten es. Das Abenteuer der kühnen Reise verstärkte ihren Ruhm. Sechs Pflanzen, neun Schmetterlinge und zwei Wanzenarten wurden nach ihr benannt. Und im Jahr 2006 nahm Deutschland das modernste Forschungsschiff der Welt in Dienst, das von oben bis unten mit einer High-Tech-Ausrüstung ausgestopft ist. Sein Name: »Maria S. Merian«.

Sein letztes Großprojekt brachte Ludwig Mies van der Rohe wieder in seine Heimat Deutschland: Die Neue Nationalgalerie in Berlin ist ein lichtdurchfluteter Tempel der Kunst; davor die Plastik »Bogenschütze« von Henry Moore (großes Bild).

Chicago 1986: Die ersten Hochhäuser der US-amerikanischen Stadt entstehen am 860–880 Lake Shore Drive aus Entwürfen von Ludwig Mies van der

Rohe (kleines Bild links). In den 1950er-Jahren war er Leiter der Architekturabteilung am Illinois Institute of Technology, Chicago.

Ludwig Mies van der Rohe

Ludwig Mies van der Rohe (1886–1969) ist einer der bedeutendsten deutschen Architekten der Moderne. Wie sein fast gleichaltriger Mitstreiter Walter Gropius steht er für den Aufbruch, den sich eine neue Generation von Architekten nach dem Ersten Weltkrieg auf die Fahnen geschrieben hatte: die Überwindung des Jugendstils und des wilhelminischen Erbes aus Nationalismus und Standesdünkel.

Ihre Bauten zeichnen sich durch klare Linien und einfache Formen aus, durch neuartige Konstruktionsprinzipien und durch moderne Materialien wie Glas, Stahl und Beton. Mies van der Rohes architektonische Formensprache wurde dabei zum Inbegriff des internationalen Stils der Moderne und prägte bis in die 1960er-Jahre weltweit das Baugeschehen. Mies van der Rohe war in Aachen als Steinmetz und an der Gewerbeschule ausgebildet worden, hatte als Stuckzeichner gearbeitet und ab 1908 im Büro von Peter Behrens in Berlin. Im Jahr 1912 machte er sich als Architekt selbstständig. 1927 leitete er den Bau der berühmten Weißenhofsiedlung in Stuttgart, bei der er auch als Architekt mit zwei Häusern vertreten war. Aufsehen erregte er 1929 mit dem Deutschen Pavillon für die Weltausstellung in Barcelona, einem flachen, lichten Betonbau mit klaren, minimalistischen Formen. Ab 1930 bis zu seiner Auflösung im Jahr 1933 leitete Mies van der Rohe das Bauhaus. 1938 floh er vor den Nationalsozialisten und emigrierte in die USA. Dort leitete er fortan die Architekturabteilung am Illinois Institute of Technology in Chicago. Sogar ein Wettbewerb, der Mies van der Rohe Award for European Architecture, trägt seinen Namen. Sein bekanntestes Werk in Deutschland ist die Neue Nationalgalerie in Berlin (1965–68), zugleich sein letztes großes Projekt.

Das Museum in der Bremer Böttcherstraße ist weltweit das erste, das sich den Werken Paula Modersohn-Beckers widmet (großes Bild). Die Sammlung macht vor allem die Bedeutung der Malerin als Wegbereiterin der Moderne deutlich.

Das Wesentliche einer Person darzustellen, war ein Anliegen der Malerin. Diese »große Einfachheit der Form« findet sich in vielen ihrer Werke.

Untere Bildleiste, von links: »Kopf eines Mädchens« (1907); »Stillleben mit Kürbis« (1905); »Selbstbildnis vor blaugrauem Hintergrund« (1906).

Ihre Kinderporträts sind unsentimental, ihre Bilder von Worpsweder Bäuerinnen ungeschönt, die bäuerliche Welt des Teufelsmoors erscheint unromantisch und erdnah. Paula Modersohn-Becker (1876–1907) ist eine der bedeutendsten deutschen Malerinnen: Sie steht an der Schwelle zur Moderne.

Kann man in ihren frühen Studien norddeutscher Moor- und Birkenlandschaften noch unschwer impressionistische Einflüsse erkennen, so ist ihr Hauptwerk dem frühen Expressionismus zuzuordnen. Modersohn-Becker lebte in der Künstlerkolonie Worpswede bei Bremen, suchte aber ihren eigenen und eigenwilligen künstlerischen Weg. Der führte sie dreimal nach Paris, wo sie die postimpressionistische Malerei von Paul Cézanne, Paul Gauguin und Vincent van Gogh kennenlernte. Die Auseinandersetzung mit der französischen Avantgarde bestätigte sie in ihrer eigenen Suche nach immer neuen Ausdrucksformen, ihrem Wunsch, die Illusionen des Jugendstils und des Impressionismus hinter sich zu lassen. Die Formen ihrer Motive wurden einfacher, ihre Farbgebung flächiger, Gesichter auf das Notwendige und Gegenstände auf Grundformen reduziert. Sie malte nicht nur klassische Selbstporträts, sondern eine Reihe großer Selbstbildnisse mit entblößten Brüsten oder schwangerem Bauch – die für eine Zeit, in der noch die Salonmalerei der Gründerzeit dominierte, extrem kühn waren. Diese Selbstakte gelten als die ersten der Kunstgeschichte. Als sie mit 31 Jahren, wenige Tage nach der Geburt ihres einzigen Kindes, an einer Embolie starb, hinterließ Modersohn-Becker ein imposantes Werk von 750 Gemälden, etwa 1000 Zeichnungen und 13 Radierungen. Ihre Arbeiten wurden in der Zeit des Nationalsozialismus als »entartete Kunst« diffamiert.

Die Städtische Galerie im Lenbachhaus in München verfügt über eine umfangreiche Sammlung von Werken Münters, darunter auch das Bild »Jawlensky und Werefkin« (1909) mit seiner strahlenden Farbigkeit und expressivem Pinselstrich.

Rechte Bildleiste: Das Münter-Haus in Murnau (oben) ist heute ein Museum. Der Ort war vielmals ein Motiv der Künstlergruppe, so auch in Kandinskys

»Murnau mit Kirche I« (Mitte). Unten: Titelholzschnitt »Der Blaue Reiter« von Kandinsky. Rechts: Münters »Selbstporträt« (1908).

Sie ist neben Paula Modersohn-Becker die wichtigste Malerin des deutschen Expressionismus: Gabriele Münter (1877–1962). Ihre stark farbigen Landschaften, Stillleben und Interieurs, kompromisslos einfach in Bildaufbau und Flächenbetonung, machen sie zu einer Wegbereiterin der Moderne.

Zwölf Jahre war sie die Gefährtin Wassily Kandinskys und Mitglied der Künstlergemeinschaft »Der Blaue Reiter«. Sie arbeitete mit Alexej von Jawlensky, Franz Marc, August Macke und Paul Klee zusammen, entwickelte dabei doch eine ganz eigene Bildsprache. Um ihr in Düsseldorf begonnenes Studium fortzusetzen, ging sie 1901 nach München und besuchte Kandinskys private Kunstschule Phalanx. An Kandinskys Seite unternahm sie Reisen in die Niederlande, nach Tunesien und Frankreich. Im Jahr 1909 bezog das Paar eine Wohnung in München, und Münter erwarb das »Russenhaus« in Murnau, das zum Mittelpunkt der 1911 gegründeten Künstlergemeinschaft wurde. Sie propagierte das »Geistige in der Kunst« (Kandinsky), wandte sich gegen zu große Realitätsnähe und akademische Traditionen. Ihre Ideen wirkten auf die abstrakte Kunst und das Bauhaus weiter. Mit Ausbruch des Ersten Weltkrieges löste sich dann »Der Blaue Reiter« auf. Macke und Marc fielen in Frankreich, Kandinsky musste nach Russland fliehen. 1916 sahen sich Münter und Kandinsky ein letztes Mal in Stockholm. Der Bruch mit Kandinsky stürzte die Malerin in eine tiefe Krise. 1931 kehrte sie nach Murnau zurück und malte wieder, doch wurde sie ab 1937 durch die Nationalsozialisten mit einem Ausstellungsverbot belegt. Erst 1949 konnte sie wieder in die Öffentlichkeit gehen. Gabriele Münter lebte und arbeitete bis 1962 in ihrem Haus in Murnau. Dieses ist heute ein Museum.

Welch ein überragendes barockes Bauwerk die Wallfahrtskirche Vierzehnheiligen bei Bad Staffelstein (großes Bild) ist, wird bereits beim ersten Betreten der Basilika klar. Mit deren Planung wurde Balthasar Neumann 1742 beauftragt.

Ein weiteres beeindruckendes Werk des Barockarchitekten ist die Würzburger Residenz mit Hofgarten (kleines Bild links), Spiegelkabinett (rechte

Bildleiste oben), Treppenhaus mit Fresken von Giambattista Tiepolo (Bildleiste Mitte) und üppig ausgestatteten Zimmern (Bildleiste ganz unten).

Der fränkische Barock hat einen Namen: Balthasar Neumann (1687–1753). Was die Asams und die Zimmermanns in Bayern und Schwaben leisteten, gelang dem gebürtigen Böhmen in und um Würzburg bzw. in Baden, und es ist schwer zu entscheiden, wer von allen der genialste war.

Als Kanonengießer und Militäringenieur ausgebildet, war Neumann als Architekt weitgehend Autodidakt, dabei immer lernbereit und offen für Neues – und ungemein begabt. In Würzburg, wohin er als 24-Jähriger ging, hatte er nach einigen Schwierigkeiten das Glück, in den Fürstbischöfen derer von Schönborn Mäzene zu finden, die sein Talent erkannten und ihn systematisch förderten. Schon sein Erstlingswerk, die ab 1721 an den Würzburger Dom als Grablege angebaute Schönborn-Kapelle, zeigte die Perfektion des Frühvollendeten. Auch erklingen hier bereits die Leitideen, die Neumann zeit seines Lebens immer wieder aufgriff: die Rotunde als Grundform; die Arkade, die den Raum nach mehreren Richtungen hin öffnet und, der Raumkurve folgend, im Grundriss ebenfalls gebogen ist; dazu als häufig wiederkehrendes Element Säulenpaare, die die Arkaden und andere Raumelemente flankieren und betonen. Zu den herausragenden Kirchenbauten, die Neumann schuf, gehören die Wallfahrtskirchen Vierzehnheiligen und Gößweinstein, die Abteikirche Neresheim und die Peterskirche in Bruchsal sowie die Hofkirche im Südschloss der Würzburger Residenz. Auf ganz andere Weise einzigartig ist das Treppenhaus im Kaiserpavillon der Residenz: Es überwölbt einen Raum von 600 Quadratmetern ohne Stützen, eine riesige Fläche, die Giambattista Tiepolo kongenial mit einem Fresko bemalte. Balthasar Neumann starb am 19. August 1753 in Würzburg.

Henry van de Velde gestaltete 1902/1903 den Wohnbereich Nietzsches in der von seiner Schwester erworbenen Villa »Silberblick« in der heutigen Humboldtstraße 36 in Weimar (großes Bild). Heute ist das Haus ein Museum.

Das Nietzsche-Archiv beherbergt u.a. die Totenmaske des Philosophen (kleines Bild links). Gegründet wurde das Archiv ursprünglich 1894 in Naumburg

von Elisabeth Förster-Nietzsche. Die Schwester des großen Denkers verlegte es im September 1896 nach Weimar, wo sie ihren Bruder pflegte.

Sein Leben lang war er von schmerzhaften Krankheiten gepeinigt, und die letzten zwölf Jahre lebte er in geistiger Umnachtung. Dennoch war Friedrich Nietzsche (1844–1900) einer der bedeutendsten Philosophen seiner Zeit, der viele Entwicklungen des 20. Jahrhunderts voraussah und etwa der Psychoanalyse den Weg bahnte.

Geboren im sächsischen Örtchen Röcken als Sohn eines Pastors, verlor Friedrich Nietzsche schon als Fünfjähriger seinen Vater. Seine Schulleistungen ließen auf eine Karriere als Altphilologe hoffen, umso mehr, als er noch vor Ende des Studiums einen Ruf als Professor nach Basel erhielt. Der Erfolg im Fach war aber nicht von Dauer, weshalb er zur Philosophie wechselte. Als seine schon im Kindesalter auftretenden Kopf- und Augenschmerzen zunahmen, ließ Nietzsche sich ganz von der Universität beurlauben. Er komponierte Musik, schrieb Lyrik und begann ein ruheloses Reiseleben zwischen der Schweiz, Deutschland und Italien. Die dabei gewonnenen Erkenntnisse bannte er in sprachschöne Aphorismen, die Grundlage für seine Schriften wurden, wie etwa »Also sprach Zarathustra«. Friedrich Nietzsche idealisierte einen vom »versklavenden« Christentum abgefallenen freien »Herrenmenschen«. Obwohl er ein klarer Gegner des Antisemitismus war, missbrauchten die Nationalsozialisten später diese Ideen für ihre Rassenideologie. Dass Nietzsche in seiner sperrigen Radikalität leicht zu missdeuten ist, beweisen auch Zitate wie das berühmte »Du gehst zu Frauen? Vergiss die Peitsche nicht!«; tatsächlich bezog sich Nietzsche damit selbstironisch auf ein Gruppenfoto mit Kutsche, das er einige Zeit zuvor selbst arrangiert hatte. Wobei er freilich die Gefahr, missverstanden zu werden, wie immer gern in Kauf nahm.

Das gelbe Wohnzimmer mit Blick in das rote Esszimmer in der Nolde-Stiftung, Seebüll (großes Bild). Die Räume in dem von Nolde entworfenen Wohnhaus folgen dem Lauf der Sonne, und die intensiven Wandfarben lassen die Bilder lebendig wirken.

Bildleiste rechts: Von seiner Reise in die Südsee beeinflusst könnten die Werke »Tänzerin« (1913) und »Erregte Menschen« (1913) sein (Mitte und

unten). Später beschäftigte sich Nolde auch mit religiösen Themen (oben: »So ihr nicht werdet wie die Kinder« (1929), Museum Folkwang, Essen).

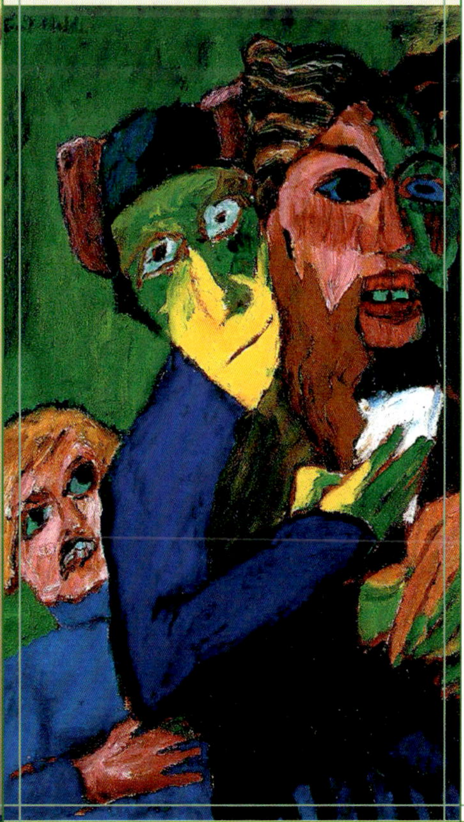

Emil Nolde (1867–1956) war ein führender Maler des Expressionismus und einer der größten Aquarellisten des 20. Jahrhunderts. Seine farbsatten Werke zeigen oft norddeutsche Motive. Im Dritten Reich war Noldes Kunst verfemt – obgleich er mit den Ideen der Nationalsozialisten sympathisierte.

Schon in der Volksschule fiel die zeichnerische Begabung des Bauernjungen Emil Hansen auf. Er malte immer wieder mit dem Saft von Holunder und Roter Bete. Doch bis zum Meister der glühenden Farben war es noch ein weiter Weg. Er führte Nolde – wie er sich später nach seinem Heimatdorf nennt – zunächst in eine Schnitzer-Lehre nach Flensburg, dann über München, Karlsruhe und Berlin 1892 nach St. Gallen. Dort brachten dem Gewerbelehrer erste Bergmotive eine beachtliche Summe Geld ein. Damit war der Weg frei für ein Studium u. a. in Paris sowie für Arbeiten im eigenen Atelier in Berlin, wo er 1901 Mitglied der Secession wurde. Den Sommer 1903 verbrachte Nolde auf der Insel Alsen; die Farben seiner Bilder wurden heller, intensiver. Bei einer Ausstellung in Dresden lernte Nolde die Künstler der »Brücke« kennen und schloss sich ihnen an. Sein Malstil wurde einfacher, flächiger, expressiver. 1926 übersiedelte Nolde nach Seebüll, wurde Mitglied der Preußischen Akademie der Künste und publizierte seine autobiografische Schrift »Das eigene Leben«. Der Seebüller Hausgarten wurde ihm zur unerschöpflichen Inspirationsquelle, zudem malte er Küstenlandschaften und religiöse Szenen. Obwohl Nolde als dänischer Staatsbürger ab 1935 NSDAP-Mitglied wurde, wurden gut 1000 seiner Werke nach der Ausstellung »Entartete Kunst« beschlagnahmt. Er erhielt Malverbot bis 1945, arbeitete aber heimlich weiter. Später griff Nolde viele Motive seiner »ungemalten Bilder« großformatig in Öl auf.

Die bekannte Carl-von-Ossietzky-Medaille (großes Bild) wird alljährlich von der Internationalen Liga für Menschenrechte an Bürger und Organisationen verliehen, die sich im Geiste Ossietzkys gegen staatliche Willkür einsetzen.

Carl von Ossietzky als Häftling im Konzentrationslager Esterhagen um das Jahr 1935 (kleines Bild rechts). An den Folgen der Haft starb der Publizist und

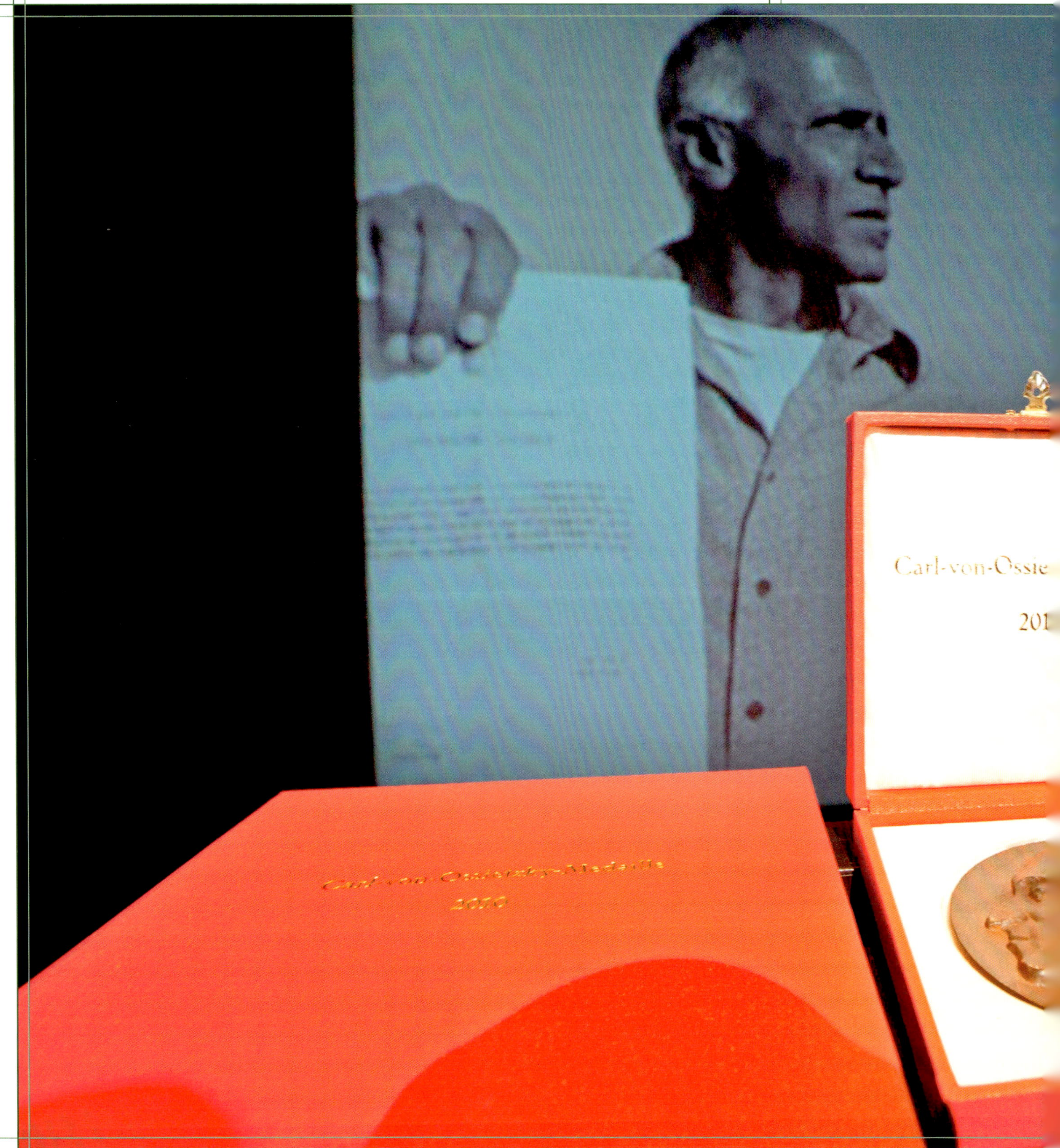

Carl von Ossietzky

Friedensnobelpreisträger drei Jahre später in einer Berliner Klinik. Bild rechts außen: Denkmal Carl von Ossietzkys in Berlin-Pankow.

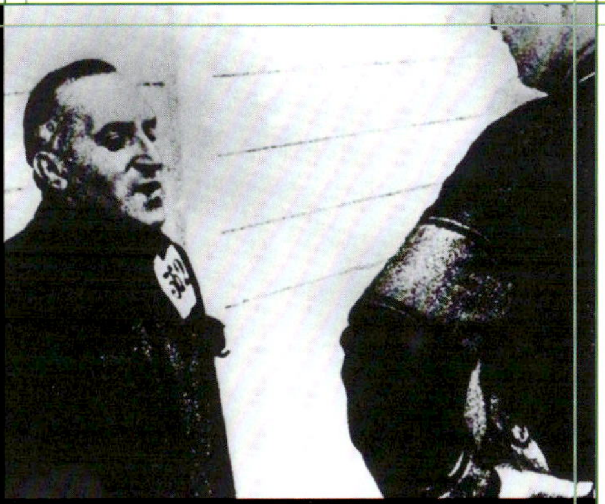

Carl von Ossietzky (1889–1938), Journalist, Pazifist und Friedensnobelpreisträger des Jahres 1935, leistete beispielhaften Widerstand gegen den Terror der Nationalsozialisten – und bezahlte dies mit seinem Leben.

Nach der Schule arbeitete er zunächst als Sekretär in der Justizverwaltung, lebte aber vor allem für die Literatur. Ab 1911 schrieb Carl von Ossietzky für verschiedene Zeitschriften, zunehmend über politische Themen. Die Erfahrung des Krieges machte ihn endgültig zum überzeugten Pazifisten. Er engagierte sich viel für Friedensorganisationen, zeitweise auch hauptberuflich, und gründete im Jahr 1924 sogar eine eigene Partei, die radikaldemokratisch und pazifistisch ausgerichtete Republikanische Partei (RPD), die sich aber bald wieder auflöste. Kurt Tucholsky holte ihn als Autor zur Zeitschrift »Die Weltbühne«, die Ossietzky ab 1927 selbst herausgab. 1931 erfuhr sein Leben dann die entscheidende dramatische Wendung, als er wegen eines 1929 in der »Weltbühne« erschienenen Artikels des Landesverrats und der Spionage angeklagt wurde. Der Rüstungsexperte Walter Kreiser hatte darin über die laut Versailler Vertrag verbotene Aufrüstung der Reichswehr berichtet. Ossietzky, der beim Prozess nicht anwesend war, und Kreiser wurden wegen Spionage verurteilt. Der Prozess und das Urteil erregten internationales Aufsehen, das sich noch steigerte, als Ossietzky 1933 nach der Machtergreifung in verschiedene Konzentrationslager gebracht und lebensgefährlich misshandelt wurde. Eine internationale Kampagne zur Unterstützung Ossietzkys erreichte 1936, dass ihm rückwirkend für das Jahr 1935 der Friedensnobelpreis zugesprochen wurde. Den Preis durfte er allerdings nicht entgegennehmen. Er starb am 4. Mai 1938 in Polizeigewahrsam.

Das thronende Herrscherpaar aus dem 14. Jahrhundert in einer Kapelle des Magdeburger Doms stellt vermutlich Kaiser Otto I. und seine Gemahlin Editha dar (großes Bild). Das Paar liegt im Chor des Doms begraben.

Auf dem Alten Markt in Magdeburg steht diese 1966 von Heinrich Apel geschaffene Kopie des sogenannten »Magdeburger Reiters« (kleines Bild

links unten). Die um das Jahr 1240 entstandene Originalstatue ist im Kaiser-Otto-Saal im Kulturhistorischen Museum der Stadt zu besichtigen.

Otto I., der zu Lebzeiten (912–973) Otto der Große genannt wurde, war eine ähnlich herausragende Figur wie Karl der Große, der zweieinhalb Jahrhunderte vor ihm gelebt hatte. Auch sonst sind einige Parallelen zwischen ihnen augenfällig: So wussten beide, dass sie die Macht der Kirche systematisch einbinden mussten, um ihr Reich im Inneren zu stabilisieren.

Beide ließen sich vom gerade herrschenden Papst zum Kaiser krönen, nachdem sie ihm zuvor zu Hilfe gekommen waren. Otto jedoch ist der erste Herrscher, den man mit Fug und Recht als Deutschen bezeichnen kann. Das Wort »diutisk« hieß ursprünglich so viel wie »volkstümlich« und bezeichnete etwa die Sprache der einfachen Leute im Gegensatz zum Latein, das die Gebildeten sprachen. Im Ausland benutzte man das Wort für die in Deutschland lebenden Menschen schon länger, während sich die Deutschen selbst noch als Franken, Sachsen oder Bayern bezeichneten. Ottos Leistung bestand in der Konsolidierung des ostfränkischen Reiches und dessen Neuerfindung als »Heiliges Römisches Reich deutscher Nation« – durch diese Formel schrieb er die innige Verflechtung von weltlicher und geistlicher Macht sowie den imperialen Machtanspruch für lange Zeit fest. Einer seiner größten Erfolge war 955 der triumphale Sieg über ein ungarisches Reiterheer auf dem Lechfeld bei Augsburg (schon sein Vater Heinrich I. hatte sich gegen Ungarnüberfälle zu verteidigen gehabt), der das Ende der jahrzehntelangen ungarischen Raubzüge bedeutete. Otto ließ Magdeburg zum Machtzentrum ausbauen und gründete unter anderem das Bistum Merseburg. Damit legte er eine wichtige Grundlage für die mitteldeutsche Romanik. Sein Grab befindet sich im Magdeburger Dom.

Grabstein für Paracelsus auf dem Sebastiansfriedhof in Salzburg (großes Bild). In die Stadt an der Salzach zog der Arzt und Mediziner 1541 und verstarb dort noch im selben Jahr unter ungeklärten Umständen.

Diese Kopie des Porträts (15./16. Jh.) von Paracelsus – oder Aureolus Philippus Theophrastus Bombastus von Hohenheim – nach dem verlorengegan-

genen Werk von Quentin Massys hängt im Louvre, Paris (unten). Rechts: Illustration des Gelehrten, unbekannter Künstler.

Würde Paracelsus (1493–1541) heute leben, fände man ihn sicherlich häufig in Talkshows, wo er gegen die Pharmaindustrie wetterte. Zugleich würden ihm seine populärwissenschaftlichen Bücher von Lesern aus den Händen gerissen, während sich in seiner Privatklinik prominente Patienten drängelten.

Denn Paracelsus, wie er sich selbst nannte, war beides: ein erfolgreicher Arzt und ein streitbarer Geist, der nie davor zurückscheute, sich mit dem Establishment anzulegen. Geboren 1493 in der Nähe von Einsiedeln als Sohn eines Arztes und Naturforschers unter dem Namen Aureolus Philippus Theophrastus Bombastus von Hohenheim, begann er mit 16 Jahren, auf Wanderschaft zu gehen und bei verschiedenen Lehrern Medizin und Alchemie zu studieren. Auch nachdem er 1516 in Ferrara den Doktorgrad erlangt hatte, zog er weiter kreuz und quer durch Europa und arbeitete als Wundarzt. Er blieb nirgendwo lange, und er fiel zunehmend auf: durch den Erfolg seiner Behandlungen und dadurch, dass er als Erster sein Wissen auf Deutsch verbreitete. Aber auch durch seine Streitigkeiten mit den Gelehrten, denen er bloßes Bücherwissen vorwarf und die er wegen des Festhaltens an der antiken Vier-Säfte-Lehre kritisierte. Paracelsus konnte kräftig austeilen, und er konnte einstecken, dennoch musste er mehrmals vor drohenden Prozessen fliehen. Stellungen wie die als Baseler Stadtarzt von 1527 bis 1528 ermöglichten ihm den Gedankenaustausch mit den Großen der Zeit wie etwa Erasmus von Rotterdam. An wechselnden Orten schrieb er schließlich seine Hauptwerke, die »Große Wundarzney« und die »Astronomia Magna«. Die meisten seiner Schriften erschienen aber erst nach seinem Tod. Er starb 1541 in Salzburg, wo er auch begraben ist.

Die Max-Planck-Gesellschaft ist eine der weltweit größten Wissenschaftsorganisationen im Bereich der Grundlagenforschung mit international 83 Instituten. Großes Bild: Büste vor dem Max-Planck-Institut für Plasmaphysik in Greifswald.

Bildleiste rechts, von oben: Radioteleskop des Max-Planck-Instituts für Radioastronomie bei Bad Münstereifel; Laborantin am Elektronenmikroskop in

der Forschungsstelle »Enzymologie der Proteinfaltung« in Halle; Eingangsbereich der Max-Planck-Gesellschaft; biochemische Forschung in Göttingen.

Das »Jahrhundert der Physik«, wie man das 20. Jahrhundert später oft bezeichnen sollte, begann pünktlich: Im Jahr 1900 erkannte Max Planck (1858–1947), dass Wärme nicht, wie bis dahin vermutet, in einem kontinuierlichen Strom abgegeben wird, sondern in Form winzig kleiner Einheiten – den sogenannten Quanten. Diese unscheinbare Erkenntnis sollte die gesamte Physik verändern.

Max Planck wurde für die Quantentheorie 1919 mit dem Nobelpreis geehrt. Es ist eine Ironie der Geschichte, dass er sich – ebenso wie Albert Einstein – mit den Konsequenzen der Quantentheorie nie ganz anfreunden konnte. Planck war 1858 im damals noch dänischen, später preußischen Kiel geboren worden. Sein Vater war ein bekannter Verfassungsjurist, Mitautor des preußischen Bürgerlichen Gesetzbuches. Max wuchs in München auf und machte bereits mit 16 Jahren das Abitur. Dann studierte er Physik, wovon ihn auch das legendäre Fehlurteil eines Professors nicht abhalten konnte, der meinte, in der Physik gebe es praktisch nichts Neues mehr zu entdecken. Planck, der über den zweiten thermodynamischen Hauptsatz promovierte, beschäftigte sich im Folgenden vor allem mit der Wärmelehre, womit er damals eher ein Außenseiter war. Ab 1889 war er Professor in Berlin, wo er theoretische Physik lehrte. Hier entdeckte er 1900 das nach ihm benannte Strahlungsgesetz sowie das Planck'sche Wirkungsquantum, eine Naturkonstante, die das Verhältnis zwischen Strahlungsfrequenz und Energie eines strahlenden Körpers beschreibt. Ab 1930 war er Präsident der Kaiser-Wilhelm-Gesellschaft. Max Planck ging zunehmend auf Distanz zu den Nationalsozialisten und gab das Amt 1937 auf. 1947 starb er in Göttingen, wo er auch begraben liegt.

Bildleiste unten, von links: Besucher im Porsche-Museum Stuttgart; Ferdinand Alexander Porsche (1935–2012), der Enkel des Firmengründers, arbeitet am Porsche 911; das berühmte Logo des Automobilgiganten auf einer Radfelge.

Der VW Käfer war bis zum Jahr 2002, als er vom VW Golf überholt wurde, das meistverkaufte Automobil der Welt. Im Volkswagen AutoMuseum in

Wolfsburg sind alte Prototypen und viele Modelle dieses legendären Fahrzeugtyps zu sehen. Großes Bild: ein Porsche Typ 60.

Er ist eine der schillerndsten Figuren der Automobilgeschichte: Ferdinand Porsche (1875 bis 1951), Vater des Volkswagens und Gründer der Firma Porsche. Ein ehrgeiziger Aufsteiger, besessener Tüftler und genialer Konstrukteur, an dessen aufwendigen Entwürfen kaufmännische Partner oft verzweifelten.

Ferdinand Porsche war der Prototyp eines Praktikers. Als Sohn eines Spenglers aus dem böhmischen Mallersdorf erlernte er das Handwerk in der Werkstatt seines Vater. Die Berufsschule besuchte er in Abendkursen, und mit Ausnahme einiger Theorie-Vorlesungen an der Technischen Hochschule Wien war er nie auf einer Universität. 1893 begann er als Mechaniker in einer elektromechanischen Fabrik in Wien zu arbeiten. 1906 ging er zur Österreichischen Daimler Motoren KG in Wien Neustadt, wo er sich einen hervorragenden Ruf als Konstrukteur von Rennwagen erarbeitete. Als er seinen Entwicklungsdrang immer weiter eingeschränkt sah, wechselte er 1923 zum Daimler-Stammwerk nach Stuttgart. Hier entwarf er den legendären Kompressormotor des Mercedes SSK. Die Fusion von Daimler und Benz sowie einige andere interne Schwierigkeiten führten dazu, dass er im Jahr 1931 Daimler-Benz verließ und seine eigene Firma gründete. Mit diesem Unternehmen entwickelte er ab 1934 den Volkswagen – ein Auftrag, den die gesamte übrige Autoindustrie wegen der politischen Vorgaben abgelehnt hatte. Zur Massenfertigung des VW Käfers kam es jedoch erst ab 1946 – vor dem Krieg hatte man nur etwa 700 Käfer fertiggestellt. Zugleich konstruierte sein Sohn Ferry den ersten Porsche, den »365«, den Ferdinand noch sah und dessen Konstruktion er sehr lobte. Den Erfolg der neuen Firma in Zuffenhausen erlebte er aber nicht mehr.

Fassade der Raiffeisenbank in Wien (großes Bild). Seit den Anfängen der Genossenschaftsbildung durch Friedrich Wilhelm Raiffeisen in der zweiten Hälfte des 19. Jahrhunderts entwickelten sich Volks- bzw. Genossenschaftsbanken in ganz Europa.

In Flammersfeld in Rheinland-Pfalz ist das Wohnhaus Friedrich Wilhelm Raiffeisens, des ehemaligen Bürgermeisters des Ortes und Gründers der Genossen-

schaftsbewegung, erhalten. Im alten Fachwerkhaus befindet sich heute ein Museum (kleines Bild unten). Ganz rechts: Raiffeisen-Briefmarke, 1988.

Friedrich Wilhelm Raiffeisen (1818–1888) war ein deutscher Sozialreformer und preußischer Kommunalbeamter. Er gilt mit seinen Mitte des 19. Jahrhunderts initiierten Darlehnskassenvereinen als Pionier des ländlichen Genossenschaftswesens in Deutschland.

Im Winter 1846/47 litt Europa wieder einmal unter einer Hungersnot. Friedrich Wilhelm Raiffeisen war zu diesem Zeitpunkt Bürgermeister der Landgemeinde Weyerbusch im Westerwald. Deren noch recht wohlhabende Bürger überzeugte der aus dem nahen Hamm stammende Spross einer Familie von Kaufleuten und Verwaltungsbeamten, vorhandene Barmittel in einen Fonds einzuzahlen. Raiffeisen wollte damit Getreide beschaffen, das auf Kredit an die von der Hungersnot Betroffenen ausgegeben wurde. Auch ein gemeinschaftliches Backhaus ließ der junge Kommunalpolitiker mit den Fondsgeldern errichten und im Frühjahr Saatkartoffeln finanzieren, damit die Bedürftigen im Herbst mit dem Verkaufserlös ihre Schulden zurückzahlen konnten. Der als organisatorischer Rahmen der Hilfstätigkeit gegründete »Weyersbuscher Brodverein« gilt als Keimzelle der Raiffeisen'schen Genossenschaftsidee – obgleich nur die Begüterten Mitglied waren, nicht aber die Kreditnehmer. Erst Anfang der 1860er-Jahre entschloss sich Raiffeisen widerstrebend, seine – auch an den neuen Wirkungsstätten Flammersfeld und Heddesdorf eingerichteten – Hilfs- und Wohltätigkeitsvereine umzustrukturieren, d.h. von der karitativen Unterstützung ohne jedes Gewinnstreben auf das reine Kreditgeschäft zu beschränken. Mit dem Heddesdorfer Darlehnskassen-Verein von 1864 vollzog er endgültig diesen Übergang zur Genossenschaft im eigentlichen Sinne. Inzwischen ist Raiffeisens Genossenschaftsidee bei der UNESCO als immaterielles Kulturerbe aufgeführt.

Rainer Maria Rilke besuchte 1912 das südspanische Örtchen Ronda. Drei Monate wohnte der Dichter im Zimmer 34 im ersten Stock des Hotels Reina Victoria, wo heute noch seines Aufenthaltes gedacht wird (großes Bild).

»Stundenbuch« (kleines Bild unten links) heißt ein früher Gedichtzyklus Rilkes, der in den Jahren 1899–1903 in drei Bänden erschien. Die darin enthal-

tenen Texte sollen von seiner Russlandreise, dem dortigen ärmlich-bäuerlichen Leben und den tief religiösen Menschen inspiriert worden sein.

Rainer Maria Rilke (1875–1926) war einer der bedeutendsten Lyriker deutscher Sprache und einer der wichtigsten Vertreter der poetischen Moderne. Sein Werk umfasst neben den berühmten Gedichten auch Prosa- und Sachtexte – z. B. zur Kunst von Auguste Rodin.

Nach dem Besuch einer Kadettenschule in St. Pölten entschied sich der Sohn eines Prager Militärbeamten für das Studium von Literatur, Kunstgeschichte und Philosophie. Er hörte Vorlesungen in Prag, München und Berlin, schrieb in dieser Zeit erste Gedichte. Nach einer Liaison mit der verheirateten Lou Andreas-Salomé, an deren Seite er 1899/1900 nach Russland reiste und die Bekanntschaft Tolstois machte, ehelichte Rilke die Malerin und Bildhauerin Clara Westhoff. Das Paar ließ sich in einem Nachbarort von Worpswede nieder, wo auch ihre gemeinsame Tochter zur Welt kommt. 1902 ging Rilke nach Paris, um eine Monografie über Rodin zu schreiben. Seine Frau, die den französischen Plastiker bei ihrer Ausbildung an der Seine kennengelernt hatte, folgte ihm. Rilke wurde später sogar Rodins Sekretär und entwickelte ein neues Kunstverständnis. Paris inspirierte ihn zu einer Fülle neuer Gedichte, darunter »Der Panther«, und ist auch Schauplatz seines 1910 erscheinenden Romans: »Die Aufzeichnungen des Malte Laurids Brigge«. In diesem Jahr folgte Rilke – der sich mit Rodin inzwischen überworfen hatte – erstmals der Einladung von Fürstin Marie von Thurn und Taxis. Auf ihrem Schloss Duino bei Triest entstanden später u. a. das »Marien-Leben« und der erste Teil der »Duineser Elegien«. Zudem unternahm Rilke immer wieder Reisen: nach Nordafrika, Ägypten, Spanien und Italien. Ab 1920 lebte er in der Schweiz, wo er – nach einem letzten Aufblühen seines Schaffens – im Sanatorium Val-Mont bei Montreux an Leukämie starb.

Historische Röntgenapparatur (kleines Bild unten) im Deutschen Röntgen-Museum in Remscheid, dem Geburtsort des Entdeckers der unsichtbaren Strahlen. Die Röntgendiagnostik löste eine Revolution in der Medizin aus.

Röntgens Entdeckung aus dem Jahr 1895 hatte auch in anderer Beziehung, z. B. bei der Entdeckung der Radioaktivität, weitreichende Folgen. Bildleiste

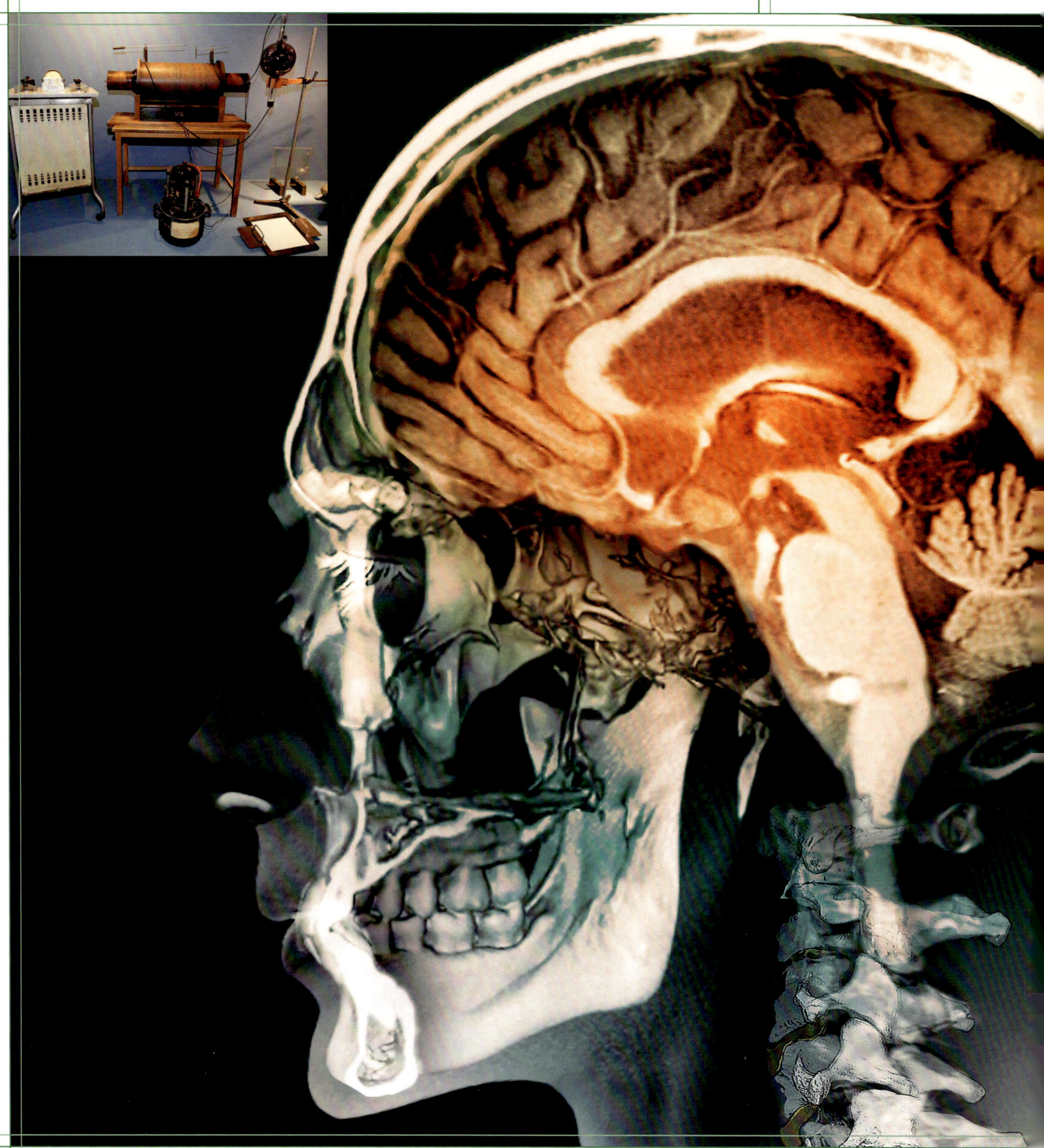

rechts: ein Kreuzbandriss im Knie; Hallux Valgus, Schiefstand des großen Zehs. Großes Bild: Kombination eines MRT- und CT-Schädelscans.

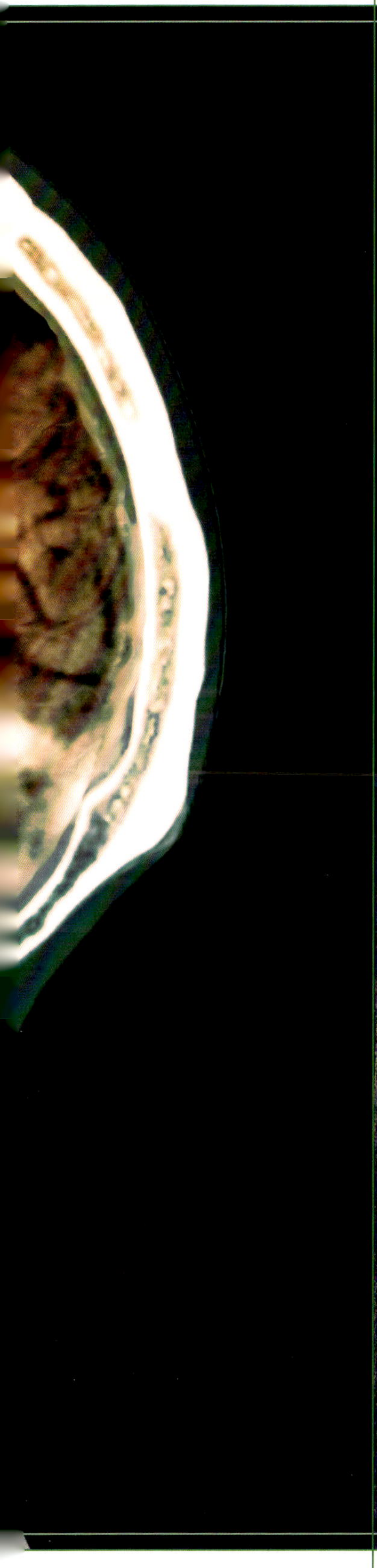

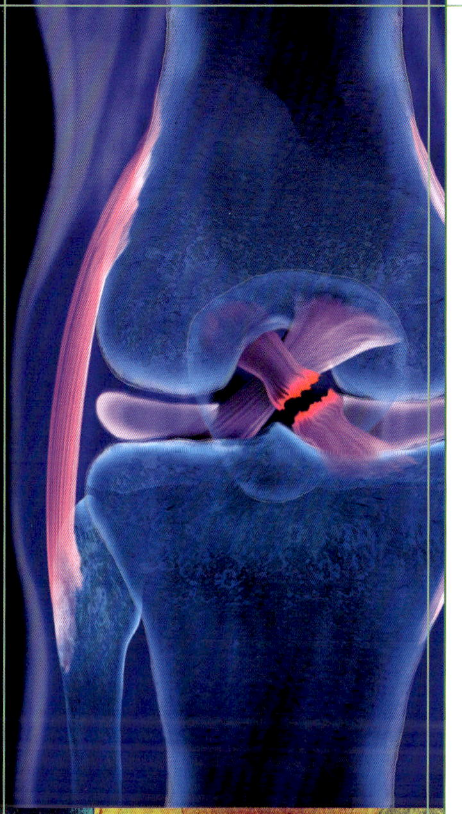

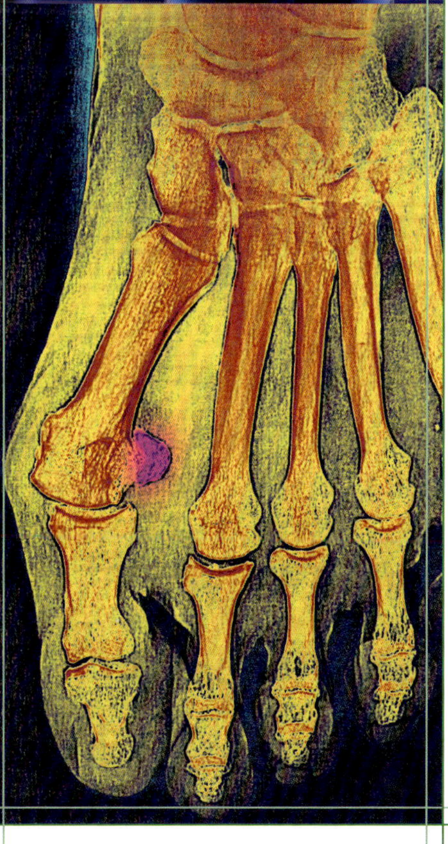

Röntgens Augen – relativ klein, scharfsichtig und klar, neben einer markanten Nase und unter kräftigen Brauen ruhend – sezieren förmlich die Welt… Wilhelm Conrad Röntgen (1845–1923) hatte einen Blick, der ebenso durchdringend wirkte wie die von ihm entdeckten Strahlen.

Geboren 1845 als einziger Sohn eines Textilunternehmers im heute zu Remscheid gehörenden Ort Lennep, wuchs er in Apeldoorn und Utrecht auf und studierte in Zürich Maschinenbau und Physik. Nach der Promotion über die Physik der Gase folgte er seinem nur sechs Jahre älteren Doktorvater August Kundt nach Würzburg und später nach Straßburg. Er erhielt Professuren, unter anderem in Würzburg, wo ihm seine wichtigsten Entdeckungen gelangen. Röntgen war ein begnadeter Experimentator. Wer weiß, ob ein anderer das Phänomen, das ihn zu den neuen Strahlen führte, so systematisch untersucht hätte. Er kam eher zufällig darauf, als er, wie viele andere Physiker damals auch, Versuche mit Kathodenstrahlen unternahm. Er bemerkte, dass unter bestimmten Bedingungen ein speziell beschichtetes Papier auch dann zu leuchten begann, wenn die Röhre, die die Strahlen aussandte, mit dicker schwarzer Pappe umhüllt war. 1896 erschien die Arbeit »Über eine neue Art von Strahlen«. Sie brachte ihm 1901 als erstem Physiker den neu geschaffenen Nobelpreis. Das Preisgeld stiftete er großzügig der Universität Würzburg. Auch auf ein Patent verzichtete er, damit die Entdeckung möglichst vielen Menschen zugute käme. Seine Bescheidenheit ging noch weiter: In seinem Testament verfügte er, die Strahlen sollten nicht Röntgenstrahlen genannt werden, sondern X-Strahlen. Aber in diesem Punkt konnte er sich nicht durchsetzen, zumindest nicht in Deutschland.

Schiller-Büsten im Schiller-Nationalmuseum, Deutsches Literaturarchiv Marbach (großes Bild). In der bedeutenden Bibliothek befindet sich u.a. eine Spezialsammlung von über einer Million Bänden zur Neueren Deutschen Literatur.

Schiller lebte 1802–1805 in Weimar. Das Schillerhaus (kleine Bilder unten) ist heute ein Museum. Besucher besichtigen beispielsweise das Arbeits-

zimmer des großen Schriftstellers (links). Der Schreibtisch (rechts) wirkt, als würde Schiller gleich um die Ecke kommen, um weiterzuschreiben.

»Auf ein Wort: Was fällt Ihnen zu Goethe ein?«, fragte im Goethejahr 1999 ein Cartoon. Die Antwort: »Schiller!« Die zwei gehören irgendwie zusammen und könnten doch unterschiedlicher nicht sein.

Zwar war Friedrich von Schiller (1759–1805) mit seinen frühen Dramen »Die Räuber« (1782) oder »Kabale und Liebe« (1784) ebenso wie Johann Wolfgang von Goethe ein Protagonist der künstlerischen Epoche Sturm und Drang, zwar zählen seine großen Dramen »Wallenstein« (1799), »Maria Stuart« (1800) oder »Wilhelm Tell« (1804) wie viele Werke Goethes zu den Höhepunkten der klassischen Literatur, doch ihre Leben verliefen völlig unterschiedlich. Schiller musste sich alles erkämpfen. Mit 14 Jahren hatte er in der Akademie des württembergischen Herzogs Karl Eugen zu studieren begonnen. Nachdem er aber mit seinen »Räubern« für Furore gesorgt hatte, erteilte ihm der Herzog Schreibverbot, und Schiller floh nach Mannheim. Ohne reiche Gönner musste er Tag für Tag um seine Existenz kämpfen, hatte die meiste Zeit seines Lebens Schulden und Sorgen, sei es als freier Theaterdichter in Mannheim oder später als Professor in Jena. Hinzu kam, dass er seit seiner Kindheit nicht sehr gesund war und mit 30 Jahren vermutlich eine schwere Lungenentzündung bekam, von der er sich nie mehr richtig erholen sollte. Dass er phasenweise wie ein Besessener arbeitete und 14 Stunden am Tag am Schreibtisch saß, hat seinen Gesundheitszustand sicher nicht verbessert – der Nachwelt dafür eine Vielzahl wunderbarer Stücke, Balladen und Gedichte beschert. Sie lassen uns die turbulente Zeit um die Französische Revolution besser verstehen. 1805 starb Schiller mit nur 45 Jahren. Sein Nachlass enthält eine Vielzahl von Ideen und Skizzen, für deren Ausarbeitung ihm keine Zeit blieb.

Oskar Schindlers Grabstätte auf dem katholischen Friedhof am Zionsberg in Jerusalem (großes Bild) ist Schauplatz der bewegenden Schlussszene des Films »Schindlers Liste« von Steven Spielberg (linkes der beiden kleinen Bilder unten).

Die Emaillefabrik von Oskar Schindler in Krakau ist ein Museum (rechtes der kleinen Bilder unten). Hier erfährt man Interessantes zur Geschichte der Fabrik

in der Lipowa-Straße, zu Krakaus Rolle im Zweiten Weltkrieg, zu den Schicksalen der jüdischen Arbeiter und einzelner Stadtbewohner.

Ohne den Hollywoodfilm »Schindlers Liste« (1993), der allein in Deutschland rund sechs Millionen Besucher in die Kinos zog, wäre er heute wohl nur wenigen bekannt: Oskar Schindler (1908–1974), der etwa 1100 Juden das Leben rettete.

Zum Heldentum gereichten die ersten Lebensjahrzehnte des in Zwittau geborenen Sudetendeutschen eher nicht. Er war ein Spieler und Trinker, ein Lebemann mit Hang zu Luxus und schönen Frauen, aber auch ein gewiefter Geschäftsmann, der keine Gelegenheit ausließ, schnelles Geld zu verdienen. Wegen Spionierens für die deutsche »Abwehr« wurde er 1938 in der Tschechoslowakei verhaftet und wäre wohl hingerichtet worden, hätten die Deutschen das Nachbarland nicht annektiert. 1939 kaufte er eine arisierte Emaillefabrik in Krakau zum Spottpreis auf und beschäftigte bereits Juden, bevor sie zur Zwangsarbeit gezwungen wurden – einfach weil sie die geringsten Löhne verlangten. Im Laufe des Zweiten Weltkrieges aber vollzog der Lebemann einen moralischen Wandel. Nach außen gab er sich weiterhin als strammer Nationalsozialist, setzte aber heimlich alles daran, seinen Arbeitern eine menschenwürdige Existenz zu ermöglichen, und rettete schließlich mit seiner berühmten Liste allen das Leben. Sie entgingen der Gaskammer, weil Schindler sie zu angeblich kriegswichtigen Zwecken ins Sudetenland mitnehmen durfte. Nach dem Krieg gelang es ihm nicht mehr, wirtschaftlich Fuß zu fassen, weder mit einer Nutriafarm, die er in Argentinien mit seiner Frau Emilie betrieb, noch auf andere Weise in Deutschland. Als er starb, lebte er wenig glamourös in einem Ein-Zimmer-Apartment in Frankfurt am Main. Begraben wurde er auf eigenen Wunsch auf dem katholischen Friedhof in Jerusalem.

Das Schauspielhaus am Gendarmenmarkt in Berlin gehört zu Schinkels großartigsten Entwürfen. Die klassizistische Fassade wirkt erhaben, ohne aber ins rein Monumentale abzugleiten (kleines Bild unten).

Das Gebiet rund um die Berliner Museumsinsel hat kein Anderer so geprägt wie Karl Friedrich Schinkel. Großes Bild: auf dem Alten Museum, Berlin.

Bildleiste rechts: die Friedrichwerdersche Kirche, 1824–1831 im Stil der Neugotik erbaut, im Zweiten Weltkrieg stark beschädigt, heute restauriert.

Karl Friedrich Schinkel (1781–1841) leistete in Berlin das, was Leopold von Klenze zur gleichen Zeit in München tat: Er gab seiner Stadt ein zeitgemäßes klassizistisches Gesicht.

Auch sonst gab es zwischen den Männern einige Parallelen: Beide waren nicht nur herausragende Architekten, sondern auch Architekturtheoretiker und Maler, beide verehrten die Baukunst der Antike und engagierten sich für die Rettung der Athener Akropolis. Im Gegensatz zu dem in München arbeitenden Klenze aber konnte Schinkel nur einen kleinen Teil seiner Entwürfe verwirklichen. Geboren am 13. März 1781 in Neuruppin, hatte er 1798 das Gymnasium verlassen, um bei dem späteren preußischen Oberhofbaumeister Friedrich Gilly zu studieren. Eine Italienreise (1803–1805) rundete seine Ausbildung ab. Da die französische Besatzung Anfang des 19. Jahrhunderts größere Bauaufträge kaum zuließ, verdiente Schinkel seinen Lebensunterhalt zunächst als Maler, wobei ihn – bereits ganz der Architektur verschrieben – vor allem Stadtansichten beschäftigten. Ab 1810 war er in der preußischen Oberbaudeputation angestellt, 1815 wurde er Oberbaurat, 1931 Oberbaudirektor. Waren seine frühen Entwürfe und Gemälde noch einer romantischen Hinwendung zum Mittelalter verpflichtet, so erstellte er seinen ersten großen Bau, die 1818 fertiggestellte Neue Wache, bereits ganz im klassizistischen, auf die antiken Formen zurückgreifenden Stil. Auch das Schauspielhaus am Gendarmenmarkt (1818–1824) und das anschließend begonnene Neue Museum (das heute das Alte Museum ist) begründeten seinen Ruf als herausragender Baumeister des deutschen Klassizismus. In Potsdam schuf er 1833/1834 die klassizistischen Römischen Bäder und das dem Historismus verpflichtete Schloss Babelsberg.

Großes Bild: Der bereits 31-jährige Max Schmeling siegt in der 12. Runde gegen Joe Louis am 19. Juni 1936 in New York. Der harte Schlagabtausch (Bildleiste rechts, ganz unten) ging in die Geschichte des Boxsports ein.

Die Revanche folgte zwei Jahre später. Doch der Kampf war hoch politisch: Schmeling wurde zum Symbol des Faschismus hochstilisiert. 1971 trafen

sich Joe Louis und Max Schmeling in Los Angeles zu einem ganz friedlichen Abendessen unter alten Rivalen (Bildleiste, Mitte).

Es ist eine Ironie der Geschichte, dass ausgerechnet ein Boxer der Inbegriff des deutschen Sportidols und deutscher »Sportler des Jahrhunderts« werden konnte: Max Schmeling (1905–2005). Sein Weltmeistertitel, seine Fairness im Ring und außerhalb, die Art, wie er Rückschläge wegsteckte, aber auch die Tatsache, dass er immer ein Mann des Volkes blieb, machten ihn zum Idol für Millionen.

Das außergewöhnliche Talent des in Klein-Luckow in der Uckermark geborenen Maximilian konnte sich schnell herauskristallisieren, als er 1923 mit dem Boxen begann. Ausgebildet als Kaufmann, wurde er schon 1924 Profiboxer; Siege im Halbschwergewicht und danach im Schwergewicht ebneten ihm den Weg in die USA, wo er bereits 1927 in New York um den Titel des Weltmeisters kämpfen konnte – und gegen Joe Sharkey gewann, allerdings wegen dessen Disqualifikation. Den größten Sieg errang Max Schmeling im Jahr 1936 gegen den hoch favorisierten Joe Louis, den »Braunen Bomber«. Amerika war schockiert, und die Nationalsozialisten schlachteten den Sieg genüsslich aus; weswegen Schmeling, so klang es jedenfalls später, über seine Niederlage im Revanchekampf 1938 gar nicht so unglücklich gewesen sein will. Ein kurzes Comeback nach dem Zweiten Weltkrieg ermöglichte ihm den Start ins bürgerliche Leben. Reich wurde er aber erst durch eine Coca-Cola-Lizenz, die er letztlich auch seinen Boxverbindungen in die USA verdankte. Mehr als 50 Jahre führte er mit der tschechischen Filmschauspielerin Anny Ondra eine Bilderbuchehe; nach ihrem Tod 1987 zog er sich weitgehend aus der Öffentlichkeit zurück. Wenige Monate vor seinem 100. Geburtstag starb Max Schmeling in seinem Wohnort Hollenstedt bei Hamburg.

Kleines Bild unten: Brunnen auf dem Geschwister-Scholl-Platz an der Ludwig-Maximilians-Universität München. Im Lichthof des Hauptgebäudes hängt diese Bronzebüste der Sophie Scholl von Nikolai Tregor (großes Bild).

Das Mahnmal für die Weiße Rose vor dem Hauptgebäude der Münchner Universität (kleines Bild rechts unten). Dort befindet sich auch die Gedenk-

stätte, die der Geschichte einer der bedeutendsten Widerstandsgruppen gegen die NS-Diktatur gewidmet ist. Rechts: Sophie Scholl in der Walhalla.

Sophie Scholl (1921–1943) war Mitglied der »Weißen Rose«, einer studentischen Widerstandsgruppe gegen die nationalsozialistische Diktatur. Bei dem Versuch, in der Münchner Universität Flugblätter zu verteilen, wurde sie am 18. Februar 1943 zusammen mit ihrem Bruder Hans festgenommen. Nur vier Tage später wurden beide zum Tode verurteilt und hingerichtet.

In einem liberalen Elternhaus aufgewachsen, hatte sich Sophie Scholl 1934 in Ulm zunächst begeistert dem Bund Deutscher Mädel angeschlossen. Sie geriet jedoch bald in Konflikt mit der Ideologie des Nationalsozialismus und trat 1938 aus. In der Hoffnung, dem Reichsarbeitsdienst, der als Vorleistung für ein Studium zu leisten war, zu entgehen, begann sie im Jahr 1940 eine Ausbildung als Kindergärtnerin. Der Zwangsverpflichtung konnte sie damit dennoch nicht entgehen. Die dort gesammelten Eindrücke verstärkten ihre entschiedene Ablehnung der Herrschaft des Nationalsozialismus. Als sie 1942 endlich das Studium der Biologie und Philosophie in München aufnehmen konnte, fand sie über ihren älteren Bruder Hans Kontakt zu anderen Gleichgesinnten. Bis Anfang 1943 protestierte die Gruppe, die sich »Die Weiße Rose« nannte, mit Parolen auf Wänden gegen Krieg und Gewaltherrschaft und veröffentlichte sechs Flugblätter. Darin forderte sie die Bevölkerung, vor allem aber die Jugend, zum passiven Widerstand und zur Wiederherstellung von Freiheit und humanistischen Werten auf. Sophie Scholls Hoffnung, die Ereignisse in München mögen Wellen schlagen, erfüllte sich nicht. Ihre Zivilcourage ist jedoch bis heute unvergessen – wovon nicht zuletzt der Film über sie zeugt, der im Jahr 2005 in die Kinos kam und für den Oscar nominiert wurde.

Das Kurt-Schumacher-Haus in Berlin-Wedding, Sitz des Berliner SPD-Landesverbandes (großes Bild). Das 1961 erbaute Haus von Wilhelm Nemack wurde 2003/2004 renoviert. Hier finden u.a. Tagungen und Veranstaltungen der SPD statt.

Kurt Schumacher (1895–1952) war einer der Gründungsväter der Bundesrepublik Deutschland und die unumstrittene Leitfigur der Nachkriegs-SPD. Er organisierte den Wiederaufbau in Westdeutschland. Seine Beteiligung am Widerstand gegen das NS-Regime brachte ihn für zehn Jahre in KZ-Haft.

Schwer verwundet und mit nur einem Arm kehrte der Culmer Kaufmannssohn aus dem Ersten Weltkrieg zurück. Noch während seines Studiums der Rechts- und Staatswissenschaften trat er in die SPD ein. Mit 25 Jahren war er politischer Redakteur bei der sozialdemokratischen Zeitung »Schwäbische Tagwacht« in Stuttgart, mit knapp 30 Abgeordneter im Württembergischen Landtag. 1930 wurde Schumacher als einer der jüngsten Abgeordneten der SPD-Fraktion Mitglied des Deutschen Reichstags. Er sprach sich gegen die »Tolerierungspolitik« der SPD gegenüber der Regierung Brüning aus und erregte 1932 großes Aufsehen aufgrund seiner scharfen rednerischen Auseinandersetzung mit der NSDAP. Nach der Machtübernahme der Nazis und dem Verbot der SPD wurde Schumacher am 6. Juli 1933 verhaftet. Bis 1943 war er in den KZs Heuberg, Kuhberg, Dachau und Flossenbürg inhaftiert. Unmittelbar nach dem Einmarsch britischer Truppen im April 1945 begann Schumacher mit dem Wiederaufbau der SPD in Hannover. Er lernte Annemarie Renger kennen, die seine Sekretärin und engste Vertraute wurde. Auf dem ersten Nachkriegsparteitag der SPD wurde Schumacher, der sich dem Zusammenschluss mit der KPD zur Sozialistischen Einheitspartei Deutschlands strikt verweigerte, mit 244 von 245 Stimmen zum Parteivorsitzenden gewählt, doch die SPD verlor die Bundestagswahlen. Als Oppositionsführer war Schumacher ein erbitterter Gegner Adenauers.

Ausstellungsraum im Schumann-Haus in Leipzig (großes Bild). In der ersten Etage des ehemaligen Wohnhauses befinden sich die originalgetreuen Wohnräume zur Besichtigung, darunter zwei Kabinette, das Arbeitszimmer und der Schumann-Saal.

Robert und Clara Schumanns Grab steht auf dem Alten Friedhof in Bonn (Bild rechts). Die neun Jahre jüngere Clara (ganz rechts: ihr Porträt) über-

lebte ihren Mann um 40 Jahre. Im Alter von fünf Jahren lernte sie das Klavierspielen und trat bereits in jüngsten Jahren als Pianistin auf.

In dem an musikalischen Genies ohnehin nicht armen 19. Jahrhundert war Clara Schumann (1819–1896) eine außergewöhnliche Erscheinung: geniale Klaviervirtuosin, dazu Komponistin und »nebenbei« Mutter von sieben Kindern – eine starke Frau, begabte Künstlerin und große Liebende.

Bereits mit neun Jahren gab sie ihr erstes Konzert, ausgebildet und betreut (und zunehmend tyrannisiert) von ihrem Vater, dem Klavierpädagogen Friedrich Wieck – bei dem auch Robert Schumann Unterricht hatte. Die keimende Liebe zwischen Clara und Robert versuchte der Vater zu verbieten – vergeblich. Schließlich, 1840, ertrotzte sich das Paar die Erlaubnis zur Heirat per Gerichtsbeschluss. Die Ehe war künstlerisch fruchtbar, obwohl auch Robert Clara zu dominieren versuchte und mit ihrem Erfolg nur schwer zurechtkam. Doch sie setzte sich durch, nicht zuletzt trug sie durch ihre Konzertreisen wesentlich zum Familieneinkommen bei. Sie trat mit Franz Liszt und Felix Mendelssohn-Bartholdy auf und machte als Interpretin die Werke ihres Mannes bekannt. Mit dem 14 Jahre jüngeren Johannes Brahms, der unsterblich in sie verliebt war, verband sie eine Freundschaft, die zumindest nach außen hin aber nie die Grenze zu einer Liebesbeziehung überschritt. Nachdem Robert Schumann 1856 gestorben war, zog sie mit einigen ihrer Kinder nach Berlin zu ihrer Mutter. Nach wie vor konzertierte sie mit Erfolg. 1878 wurde sie zur ersten Klavierlehrerin des neu gegründeten Hoch'schen Konservatoriums in Frankfurt am Main berufen. Nebenbei gab sie das Gesamtwerk ihres Mannes heraus. Nach einem Gehörleiden 1891 spielte sie nur noch für ihre Freunde. 1896 starb sie in Frankfurt, begraben wurde sie in Bonn – an der Seite ihres geliebten Mannes.

Im idyllischen Kaysersberg (großes Bild) wurde Albert Schweitzer 1875 geboren. Reich verzierte Fachwerkhäuser prägen bis heute das Bild des kleinen Ortes im Elsass. Besucher kommen aber auch wegen des Weinanbaus.

Diese Fotografie Albert Schweitzers entstand um 1960 im zentralafrikanischen Gabun (kleines Bild links unten). Dort gründete er 1913 das Urwald-

krankenhaus Lambaréné, das er erst 1924 ausbauen konnte. 1952 erhielt er für seinen humanitären Einsatz den Friedensnobelpreis.

Dreifacher Doktor, und zwar der Theologie, der Philosophie und der Medizin, dazu begnadeter Orgelspieler und Bach-Interpret, Musikwissenschaftler und Schriftsteller – trotz all seiner Talente wählte Albert Schweitzer (1875 bis 1965) ein Leben der tatkräftigen Hilfe.

Durch seine selbstaufopfernde Hilfsbereitschaft, die im Aufbau des Tropen-Krankenhauses in Lambaréné gipfelte, wurde er eine Ikone des 20. Jahrhunderts. Als Pfarrerssohn im Elsass geboren, ging er nach dem Studium und einigen Jahren als Vikar und Dozent 1912 nach Gabun, wo er als Missionsarzt arbeitete. Hier begann er mit seiner Frau Helene Schweitzer-Bresslau, das Spital Lambaréné aufzubauen. Im Ersten Weltkrieg wurde er von den Franzosen interniert, danach, von 1918 bis 1921, hielt er sich in Europa auf. Um Geld für den Ausbau des Spitals und den Aufbau eines Lepradorfes zu sammeln, gab er Orgelkonzerte, schrieb Artikel und hielt Vorträge. Zurück in Lambaréné, konnte er dank dieser Einnahmen ein größeres Krankenhaus bauen, wobei er das Haus an die Bedürfnisse der Patienten anpasste und auch Familienangehörige mitbetreute. Nebenher setzte er seine musikwissenschaftlichen Studien fort und betätigte sich weiterhin als Theologe und Schriftsteller. Sein humanitäres Engagement nicht nur vor Ort in Afrika, sondern auch weltweit für den Frieden und gegen das atomare Wettrüsten wurde 1952 mit dem Friedensnobelpreis, außerdem auch mit vielen anderen Preisen geehrt. Wenige Monate nach seinem 90. Geburtstag starb er am 4. September 1965 in Lambaréné, wo er neben seiner Frau beerdigt wurde. Heute wird das Krankenhaus von einer Stiftung getragen. Eines der schönsten Vermächtnisse Schweitzers ist der eindrucksvolle Satz: »Ich bin Leben, das leben will, inmitten von Leben, das leben will.«

Nächtliche Beleuchtung am Eingangsbereich des Wernerwerk-Hochhauses der Siemens AG in Berlin (großes Bild). In den 1920er-Jahren erbaut, gehört es architektonisch gesehen zum Stil der Neuen Sachlichkeit.

Bildleiste rechts, von oben: Im Deutschen Museum in München ist dieser Siemens-&-Halske-Beleuchtungswagen aus dem Jahr 1878 ausgestellt.

Seitdem hat sich viel getan: Der Stand der Siemens AG auf der IFA 2016 in Berlin, eine Produktionshalle und ein Maschinenbauer bei der Montage.

Er war der Mann, der Deutschland »elektrifizierte«: Werner von Siemens (1816–1892), unermüdlicher Tüftler und Erfinder, erfolgreicher Geschäftsmann und Unternehmer.

Als viertes von 14 Geschwistern wuchs er in der Nähe von Hannover und bei Lübeck auf, wo der Vater Gutspächter war. Die Schule verließ er ohne Abschluss. Mit knapp 19 Jahren begann er als Offiziersanwärter bei der Armee, weil die Familie für ein Studium des jungen Mannes kein Geld hatte. Beim Militär nutzte er jede Gelegenheit zum Experimentieren und machte seine ersten Erfindungen, die er zum Teil verkaufte, um seine Geschwister zu unterstützen. Der Quell seiner Ideen schien unversieglich: Er baute einen verbesserten Telegrafen, erfand die isolierende Umhüllung für elektrische Leitungen (mithin das Stromkabel) und entdeckte das dynamoelektrische Prinzip, die Grundlage jeden Elektromotors und Generators. 1847 gründete er mit dem Mechaniker Johann Halske die »Telegraphenbau-Anstalt von Siemens & Halske«. Die beiden ergänzten sich perfekt: Siemens war der kreative Tüftler, Halske der Mann fürs Detail. Der Durchbruch kam 1848/1849, als die Firma den Auftrag erhielt, von Berlin nach Frankfurt eine Telegrafenleitung zu verlegen. Es folgten Aufträge in England und Russland und 1870 die Telegrafenlinie von London nach Kalkutta. Auch in Deutschland ging es voran: 1879 leuchtete die erste elektrische Straßenbeleuchtung, zwei Jahre später fuhr in Berlin-Lichterfelde die elektrische Straßenbahn. Gegen Ende seines Lebens wurde Siemens mit Ehrungen überhäuft, 1888 sogar geadelt. Auch sozial engagierte sich der Unternehmer und gründete 1872 eine Pensions-, Witwen- und Waisenkasse. Er starb 1892 in Berlin. Die Siemens AG ist heute einer der größten Elektro- und Technologiekonzerne.

Die Originalpartitur der »Fanfare« für Orchester, komponiert für den Beginn der Festwoche für Musik der Stadt Wien im September 1924 (großes Bild). Von 1919 bis 1924 war Strauss Leiter der Wiener Staatsoper.

Kleines Bild links unten: die deutsche Mezzosopranistin Waltraud Meier (rechts im Bild) als Klytaemnestra und die schwedische Sopranistin Irene

Theorin (Mitte) als Elektra bei den Proben zu Richard Strauss' Oper 2010 in Salzburg. Rechts: Poster für »Salomé« von Max Tilke, 1910.

Richard Strauss (1864–1949) schuf anfangs einige avancierte Opern, vor allem zusammen mit dem Textdichter Hugo von Hofmannsthal. Je älter er wurde, desto mehr fand er aber zurück in den Ton der Romantik, den er mit unerreichter Meisterschaft bis in letzte Nuancen auszukosten verstand.

Strauss stammte aus einem wohlhabenden musikalischen Elternhaus und begann schon mit sechs Jahren zu komponieren. Nach einem abgebrochenen Studium und einigen Reisen erhielt er 1885 eine Stelle als Kapellmeister am Hof in Meiningen. Seine ersten Werke, die allgemein Aufmerksamkeit erregten, waren symphonische Dichtungen, etwa »Don Juan« oder »Also sprach Zarathustra«. 1898 wurde er in Berlin Kapellmeister, 1908 Generalmusikdirektor. Um diese Zeit begann seine Zusammenarbeit mit Hugo von Hofmannsthal. Gemeinsam schufen sie in schneller Abfolge eine Reihe erfolgreicher Opern wie z. B. »Salomé«, »Elektra« oder »Der Rosenkavalier«. 1917 gehörte Strauss zu den Begründern der Salzburger Festspiele, 1919 erhielt er den Ruf als Direktor der Wiener Staatsoper. Fünf Jahre später zog er sich aus dem Amt zurück. Von 1933 bis 1935 war er Präsident der Reichsmusikkammer, fiel aber bei den Nationalsozialisten in Ungnade, als er sich für seinen Librettisten Stefan Zweig einsetzte. Die Kriegszerstörungen in seiner Heimatstadt München ließen Strauss verzweifeln. Im Angesicht der Tragödie schrieb er 1945 die »Metamorphosen für 23 Solostreicher«. 1948 vollendete er sein letztes großes Werk: »Vier letzte Lieder« für Singstimme und Orchester. Strauss setzte sich außerdem schon frühzeitig dafür ein, den Status des Künstlers in der Gesellschaft sozial abzusichern und gründete bereits 1898 eine Komponistengenossenschaft.

Großes Bild: Gustav Stresemann im Amt des Außenministers nach der Unterzeichnung der »Verträge von Locarno«. Obwohl die Abkommen umstritten waren, stabilisierten sie dennoch 1924–1930 das Klima unter den westeuropäischen Mächten.

Rechte Bildleiste, von oben: Reichskanzler Hans Luther und Außenminister Stresemann bei der Locarno-Konferenz im Oktober 1925; Wahlkampfplakat bei

der Wahl zum vierten Deutschen Reichstag im Jahr 1928; Gustav Stresemann mit seiner Frau um das Jahr 1929.

Gustav Stresemann (1878–1929) war während der Weimarer Republik zunächst Reichskanzler, dann Außenminister. In seiner Politik setzte er auf Verständigung statt auf Konflikt. 1926 erhielt er, zusammen mit seinem französischen Kollegen Aristide Briand, den Friedensnobelpreis.

Als einziges von acht Kindern eines Berliner Bierhändlers besuchte Gustav Stresemann das Gymnasium. In Leipzig promovierte er später zum Nationalökonom und wurde bald stellvertretender Geschäftsführer des »Bundes der Industriellen«. 1903 trat Stresemann in die Nationalliberale Partei ein und wurde mit 28 Jahren – als jüngster Abgeordneter – in den Reichstag gewählt. Er stieg zum Fraktionsvorsitzenden der NLP auf, die jedoch nach der November-Revolution in der Endphase des Ersten Weltkriegs zerfiel. Unter der Führung Stresemanns gründete die Mehrheit der ehemaligen Mitglieder die nationalliberale Deutsche Volkspartei (DVP), die zwischen 1920 und 1930 an fast allen 13 Reichsregierungen beteiligt war. Nach dem Rücktritt seines parteilosen Vorgängers Wilhelm Cuno wurde Gustav Stresemann am 13. August 1923 zum Reichskanzler einer Großen Koalition aus DVP, SPD, Zentrum und DDP ernannt. Er bekleidete das Amt zwar nur 100 Tage, gehörte dem Kabinett aber bis zu seinem Tod als Außenminister an. Außenpolitisch nahm Stresemann zunächst eine sehr konservative Haltung ein und vertrat die kaiserliche Annexionspolitik; innenpolitisch dachte er liberaler. Im Lauf der Zeit wandelte sich der überzeugte Monarchist allerdings zum Befürworter der Republik und Demokratie. Er setze sich u.a. für die Abschaffung des preußischen Drei-Klassen-Wahlrechts ein, beendete den passiven Widerstand im von Franzosen besetzten Ruhrgebiet und sorgte durch die Einführung der Rentenmark für das Ende der Inflation.

Diese Lithografie von 1879 (kleines Bild unten) erschien als Titelbild zum gemeinsamen satirischen Bildband »Deutschland, Deutschland über alles« (1929) von John Heartfield (1891–1968) und Kurt Tucholsky.

Schloss Rheinsberg ist Schauplatz von Tucholskys heute noch bekanntestem Werk, der Erzählung »Rheinsberg – ein Bilderbuch für Verliebte« (großes Bild).

Heute ist hier das Kurt-Tucholsky-Literaturmuseum eingerichtet, das einzige Museum über den Schriftsteller in Deutschland.

Wenn es einen gibt, der den kämpferischen Journalismus der Weimarer Republik verkörpert, dann ist es Kurt Tucholsky (1890–1935). Keiner hat so vehement Nationalismus, Militarismus, Missstände in Politik, Justiz, Militär und Verwaltung angeprangert, keiner die Katastrophe des Nationalsozialismus so deutlich vorausgesehen – und keiner hat im Angesicht all der Schrecken so früh resigniert.

Tucholsky kam am 9. Januar 1890 in Berlin als Sohn eines Bankkaufmanns zur Welt. Er studierte ab 1909 Jura, begann sich aber immer mehr für Literatur zu interessieren. So reiste er 1911 nach Prag und lernte Franz Kafka kennen, für den er sich später als Kritiker stark einsetzte. Schon 1907 hatte er selbst seine erste Satire veröffentlicht. 1912 erschien die Erzählung »Rheinsberg – ein Bilderbuch für Verliebte«; es wurde durch den ungewohnten spielerisch-erotischen Tonfall sofort ein Erfolg. Im Jahr darauf begann er für die Zeitschrift »Schaubühne« zu arbeiten, die spätere »Weltbühne«. Hier schrieb er unzählige Reportagen und Leitartikel, aber auch Theaterkritiken und Buchbesprechungen. 1919 wurde sein Gedichtband »Fromme Gesänge« veröffentlicht. Tucholsky war so produktiv, dass er außer seinem Namen noch vier Pseudonyme mit Leben füllte. Ab 1924 weilte er als Korrespondent in Paris und sollte auch nicht mehr dauerhaft nach Deutschland zurückkehren. Die Verhältnisse in seinem Heimatland waren ihm bereits so unerträglich geworden, dass er von 1929 an überwiegend in Schweden lebte und fast nichts mehr veröffentlichte. 1933 war er dann auch einer der Ersten, die von den Nationalsozialisten ausgebürgert wurden. Am 21. Dezember 1935 starb Kurt Tucholsky in einem Göteborger Krankenhaus an den Folgen einer Überdosis Schlaftabletten.

Das Richard-Wagner-Museum ist im »Haus Wahnfried« in Bayreuth untergebracht, wo der Komponist mit seiner Familie ab dem Jahr 1874 lebte. Großes Bild: Blick in den Salon des Wahnfried-Hauses.

Auf dem Flügel im Salon (kleines Bild rechts) entstanden viele Werke Wagners. Kleines Bild unten links: Im August 1904 wurde in Bayreuth

Wagners Oper »Die Walküre« mit diesem Plakat angekündigt. Die Oper hat eine Länge von drei bis vier Stunden, je nach Dirigent und Aufführung.

Er war eines von mehreren musikalischen Genies des 19. Jahrhunderts, aber er war der einzige Komponist, der sich für seine Musikdramen ein eigenes Festspielhaus bauen ließ: Richard Wagner (1813–1883).

Anders als etwa das Wunderkind Felix Mendelssohn-Bartholdy war Wagner ein Spätberufener. Im Alter von 16 Jahren beschloss er nach einem Konzertbesuch, Musiker zu werden. Er begann seine wechselhafte Karriere als Chordirektor in Würzburg, war dann Musikdirektor in Königsberg und später Dirigent in Riga. Wegen seiner ständigen Schulden musste Wagner immer wieder fliehen, von Riga aus in abenteuerlicher Weise mit dem Schiff nach London. Er lebte zwei Jahre in Paris und kehrte dann nach Dresden zurück, wo er 1843 zum Königlich-Sächsischen Kapellmeister an der Oper ernannt wurde. Durch die Teilnahme an der Revolution von 1848 sah er sich erneut zur Flucht ins Ausland gezwungen. Trotzdem gelang es ihm, sich im Laufe der Zeit einen Namen zu machen und mit seinen neuartigen Opern die Aufmerksamkeit der Fachwelt auf sich zu ziehen. Mit der Unterstützung seines Mäzens König Ludwig II. von Bayern konnte er schließlich ein eigenes Festspielhaus in Bayreuth erbauen lassen, das im Hinblick auf Akustik und Raumarrangement ganz seinen Idealen entsprach. Bis heute bestimmen direkte Nachfahren Wagners die künstlerische Richtung der Festspiele. Wagner schrieb auch die Textbücher seiner Musikdramen selbst. Darin verarbeitete er mittelalterliche Dichtungen, mythologische Ideen und philosophische Überlegungen. In seinen theoretischen Werken untermauerte er den ganzheitlichen Anspruch seiner Opern; allerdings sind in seinen Schriften auch antisemitische Töne enthalten, die seine Kunst in ein ambivalentes Licht rücken. Seine Figur polarisiert bis heute.

Unten: Stich des berühmten Walther-Blatts aus der »Großen Heidelberger Liederhandschrift« (um 1300), einer der wichtigsten Sammlungen mittelhochdeutscher Lyrik, im »Bilderatlas zur Geschichte der Deutschen Nationallitteratur« (1887).

»Ich saz ûf eime steine / und dahte bein mit beine«, so beginnt eines der schönsten Lieder Walthers: »Der Wahlstreit«. In dieser sitzenden, verweilen-

den und nachdenklichen Pose verewigte ihn 1894 auch der Künstler des Franconia-Brunnens in Würzburg (großes Bild).

Er ist der Prototyp des fahrenden Minnesängers, Urvater aller heimatlosen Barden und reisenden Spielleute: Walther von der Vogelweide (um 1170–1230).

Fast alles, was über ihn bekannt ist, wissen wir aus seinen eigenen Liedern. Er tritt als Kirchenkritiker und als politischer Kommentator in Erscheinung, als Erzieher der Gesellschaft zum höfischen Ideal, vor allem aber als Prediger der Liebe. Seine Herkunft ist unklar. Vieles spricht dafür, dass er um 1170 im österreichischen Waldviertel geboren wurde. Am Hof des Wiener Herzogs Leopold VI. lernte er die Kunst des Minnesangs von dem damaligen Hofdichter Reinmar von Hagenau, und danach war er wahrscheinlich zeit seines Lebens unterwegs. Zwar galt er als »herre«, der die Ritterwürde erworben hatte, aber bis zu seinem 50. Lebensjahr blieb ihm ein eigener Hausstand verwehrt. Erst Kaiser Friedrich II. gab ihm 1220 ein kleines Lehen. Obwohl er vielleicht weder lesen noch schreiben konnte, war er ein großartiger Sprachschöpfer. Es gelang ihm als Erstem, die volkstümliche Spielmannslyrik und den höfischen Minnesang zu einer eigenen Kunst zu verbinden. Neu waren an seinen Liedern auch der politisch engagierte Ton und die herbe Kritik an Papst und Kirche. Selbst wenn er die Liebe eigentlich in wunderbaren poetischen Bildern in all ihren Facetten beschrieb, kam er nicht umhin, seinen Auftraggebern gnadenlos den Spiegel vorzuhalten – was nicht eben zu geregelten Einnahmen beitrug. Insgesamt sind über 100 Texte überliefert. Urkundlich ist jedoch nur eine einzige Tatsache über ihn belegt: Eine Reisekostenabrechnung des Bischofs von Passau besagt, dass dieser dem Künstler einst fünf Solidos gab, das italienische Äquivalent des Schilling – für den Kauf eines Pelzmantels.

Das Markgräfliche Opernhaus in Bayreuth ist eines der besterhaltenen und mit Sicherheit eines der schönsten Barocktheater Europas. Es wurde 1784–1788 von Joseph Saint-Pierre und Giuseppe Galli geschaffen (großes Bild).

Die Eremitage im Neuen Schloss Bayreuth (kleines Bild links) war das großzügige Geschenk des Markgrafen Friedrich an seine preußische Gattin

Wilhelmine. Diese ist zusammen mit ihrem Hund, den sie im Schoß hat, in einer Bronzeskulptur (ganz rechts) in Bayreuth verewigt.

Aufgeklärte Markgräfin und behutsame Modernisiererin ihres Ländchens, Bauherrin und Philosophin, Komponistin und Schriftstellerin – das alles war Wilhelmine von Bayreuth (1709 bis 1758). Und: Lieblingsschwester Friedrichs des Großen.

Wie auch ihre neun Geschwister hatte Wilhelmine eine unglaublich autoritäre und lieblose Kindheit durchlitten, in der die Liebe zur Musik und zur Kunst, die sie mit ihrem Bruder Friedrich teilte, ein seltener Trost war. Auf Druck ihres Vaters hin, des sogenannten »Soldatenkönigs« Friedrich Wilhelm I., musste sie 1731 den Erbprinzen von Bayreuth heiraten. Die Ehe, die zunächst Züge einer Verbannung hatte, scheint aber zumindest streckenweise recht glücklich gewesen zu sein. Nachdem ihr Mann 1735 sein Erbe hatte antreten können, begann das Paar, aus Bayreuth ein kleines Versailles zu bauen. Es entstand das »Bayreuther Rokoko«: Bau des Neuen Schlosses, in dem Wilhelmine große Teile selbst entwarf, Umgestaltung der Eremitage, Anlage des berühmten Felsengartens Sanspareil, Bau des Opernhauses. Wilhelmine machte ihren Hof zu einem Zentrum gelehrter und künstlerischer Aktivitäten, gründete die Erlanger Universität, holte italienische Musiker und französische Schauspieler, wurde von ihrem Bruder und von Voltaire besucht und stand einmal sogar mit diesem auf der Bühne. Sie schrieb eine Oper, »Argenore«, die 1740 aufgeführt wurde, komponierte und spielte hervorragend Laute. Zwischen 1748 und ihrem Todesjahr schrieb Wilhelmine ihre Memoiren, die ein bemerkenswertes Zeugnis klarer, pointierter Beobachtungsgabe sind. »Sie starb am 14. Oktober mit einem Mut und einer Festigkeit in der Seele, die der größten Philosophen würdig wären«, schrieb ihr Bruder, der Preußenkönig.

Wahrscheinlich wurde Wolfram in Eschenbach bei Ansbach geboren, und so nennt sich der Ort Wolframs-Eschenbach (kleines Bild unten). Rechts: Zeichnung (19. Jh.) mit Wenzel II. von Böhmen als Minnesänger im »Codex Manesse« (14. Jh.).

Einen Besuch wert ist das Museum Wolfram von Eschenbach (großes Bild). Hier begegnet man dem Mittelalter, der Ritterwelt, der Dichtung Wolframs

und vor allem seinem »Parzival« interaktiv. Auch auf die Rezeption Wolframs wird eingegangen, und eine Bibliothek ist der Ausstellung angeschlossen.

Wolfram von Eschenbach (um 1170/1180 bis um 1220) war der wichtigste und wirkungsmächtigste deutsche Dichter des Mittelalters. Man kann ihn als den ersten Romancier bezeichnen, denn mit seinem »Parzival« schuf er ein Epos, dessen Stoff immer wieder aufgegriffen wurde, unter anderem von Richard Wagner in seinem gleichnamigen Musikdrama.

Gesicherte Lebensdaten Wolframs sind spärlich: Um 1170 bis 1180 wurde er wahrscheinlich im fränkischen Eschenbach (heute Wolframs-Eschenbach) bei Ansbach geboren. Später lebte er mit Frau und Kind auf der fränkischen Wehlenburg, reiste aber als fahrender Sänger auch umher. Hauptsächlich findet man seine Spuren am Hof Hermanns von Thüringen, eines großen Förderers der Dichtkunst. Nach Hermanns Tod 1217 gibt es von Wolfram kein Lebenszeichen. Er dürfte um oder etwas nach 1220 gestorben sein, vielleicht ebenfalls in Eschenbach. Neben einigen kleineren Gedichten sind drei große Epen überliefert (neben »Parzival« sind dies »Willehalm«, eine Reimpaarerzählung, und »Titurel«, eine Geschichte in Strophenform), von denen aber nur »Parzival« vollendet wurde. Dieser umfasst etwa 25 000 Verse in Reimpaaren und zeichnet ein umfassendes Bild davon, wie man sich im Hochmittelalter das ideale Rittertum vorstellte. Die Erzählung ist im bretonischen Sagenkreis Königs Artus' angesiedelt und mit dem Gralsmythos verbunden. Das Neue an Wolframs Version ist, dass sich das äußere Geschehen im inneren Erleben des Helden spiegelt, der sich von einem »tumben Toren« zu einem reifen, verantwortungsbewussten Menschen entwickelt – dass es sich um eine Art Entwicklungsroman handelt. Eine solche bewusst dichterische Gestaltung sollte sich im deutschen Sprachraum erst Jahrhunderte später wieder finden.

Die Firma Zeiss stellt heute Licht-/Ionen- und Elektronenmikroskope sowie Fluoreszenz-Lichtschnittsysteme und hochauflösende Röntgenmikroskope her (großes Bild). Auf der ganzen Welt hat sich das Unternehmen einen Namen gemacht.

Das erste Planetarium war 1923 entwickelt worden, heute gibt es Ganzkuppelprojektionen dank modernster Computertechnik. Bildleiste rechts, von

oben: Zeiss-Planetarien in Berlin und Bochum; Sammlung alter Kameras; Projektor aus dem Carl-Zeiss-Planetarium in Jena.

Was kann sich ein Unternehmer mehr wünschen, als dass sein Familienname weltweit als Synonym für deutsche Wertarbeit gilt? Der Name Zeiss steht für Qualität in der Produktion optischer Präzisionsgeräte, und dass es Zeiss-Objektive waren, die in der Foto- und Videoausrüstung der ersten Mondlandung steckten, hätte Firmengründer Carl Zeiss (1816–1888) äußerst befriedigt.

Geboren als fünftes von zwölf Kindern eines Weimarer Kunstdrechslermeisters, erwies sich der kleine Carl Friedrich schon früh als technikbegeistert. Bereits während seiner Lehre beim Jenaer Hofmechanikus erhielt er die Erlaubnis, an der Universität Vorlesungen zu besuchen. Nach einer siebenjährigen Wanderschaft, die ihn nach Stuttgart, Darmstadt, Wien und Berlin führte, studierte er ab 1845 in Jena Mathematik und Chemie. Davon offenbar nicht ausgefüllt, eröffnete er ein Jahr später seinen eigenen Betrieb und spezialisierte sich schon bald auf die Herstellung von Mikroskopen. Dabei legte er größten Wert auf Qualität. Auch wollte er sich nicht mit den damaligen Fertigungsverfahren begnügen, die nur Unikate ermöglichten. Zeiss erkannte, dass er, um die Eigenschaften seiner Mikroskope weiter zu verbessern, wissenschaftlich vorgehen musste. Er holte sich Mathematiker und Physiker in seine Firma. Nach vielen Fehlschlägen gelang dem Physiker Ernst Abbe der Durchbruch. Ab 1866 wurden alle Mikroskope von Carl Zeiss nach dessen Berechnungen 1866 gefertigt. Zeiss machte Abbe 1875 zum Teilhaber des stark gewachsenen Betriebs und bestimmte ihn zu seinem Nachfolger. Im selben Jahr gründeten die beiden auch eine firmeneigene Sozialversicherung, die Zeiss-Krankenkasse – und waren auch hierin ihrer Zeit voraus. 1888 starb Carl Zeiss an einem Schlaganfall.

Eine Gruppe von Menschen versucht, den riesigen Zeppelin zu halten, 1990er-Jahre in Elizabeth City, North Carolina, USA (großes Bild). Von 1900 bis 1940 dienten die Giganten der Personenbeförderung und militärischen Einsätzen.

Bildleiste rechts: Das Zeppelin-Museum in Friedrichshafen am Bodensee (oben) enthält eine umfassende Sammlung zum Thema Zeppelin; die »SS Macon«

(ZRS-5) (zweites Bild von oben) fliegt über New York; Illustration aus »Le Petit Parisien«, 1908 (zweites Bild von unten); Detail eines Luftschiffs (unten).

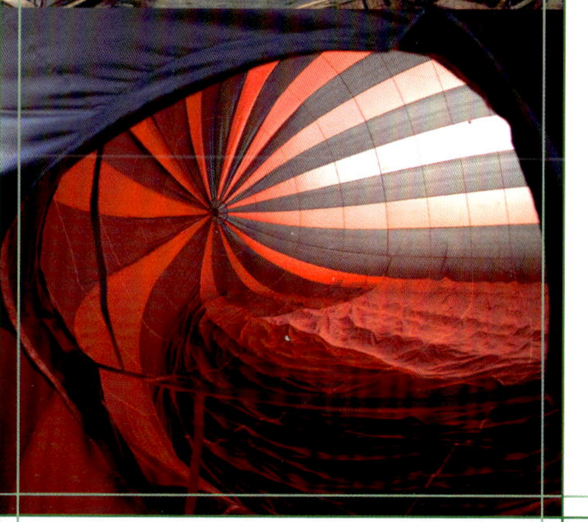

Zeppelin: Der Name ist in aller Welt ein Begriff. Zwar war Ferdinand Graf von Zeppelin (1838–1917) weder der erste, noch der einzige, der jemals Starrluftschiffe baute, doch seine waren die erfolgreichsten. Sein Lebenswerk ist die Geschichte eines beharrlich verfolgten Traums mit später Erfüllung, aber auch die einer nationalen Begeisterung.

Zeppelin, Sohn eines württembergischen Ministers, war die längere Zeit seines aktiven Lebens Offizier, zuletzt württembergischer Gesandter in Berlin im Rang eines Generalleutnants.

1891, mit 52 Jahren, ließ er sich vorzeitig beurlauben, um sich seinem Lebenstraum zu widmen: dem Bau eines leistungsfähigen lenkbaren Luftschiffes. Nach sorgfältiger Planung und dem Kauf eines Patentes des Erfinders David Schwarz, der das erste Starrluftschiff entworfen hatte, erhielt Zeppelin 1898 sein eigenes Patent und baute ab 1899 das erste Luftschiff. Es machte unter großer Anteilnahme der Bevölkerung am 2. Juli 1900 seine erste Fahrt bei Friedrichshafen am Bodensee. Die ersten Jahre des Unternehmens waren schwierig, immer warfen Unfälle Zeppelin zurück und brachten ihn an den Rand des Ruins. Das dramatischste Unglück der Anfangsphase geschah im Jahr 1908, als das Luftschiff LZ 4 auf einer 24-Stunden-Testfahrt bei Echterdingen havarierte und ausbrannte. Der Unfall löste eine Welle der Hilfsbereitschaft aus, die über sechs Millionen Reichsmark an Spenden erbrachte und den Fortbestand der Firma sicherte. Zeppelin erlebte noch die erste Blüte seiner Luftschiffe bis zum Ersten Weltkrieg und starb 1917 in Berlin. In der zivilen Luftfahrt begann das Aus der Zeppeline mit dem Unglück in Lakehurst bei New York, als die »Hindenburg«, das damals größte Luftschiff, binnen Sekunden verbrannte. 36 Menschen starben.

Mit der berühmten »Wallfahrtskirche zum Gegeißelten Heiland auf der Wies« schufen die Zimmermanns ein helles, aber innig empfundenes Gesamtkunstwerk von überirdischer Harmonie (großes Bild: Hochaltar und Kuppelfresko).

Weitere herausragende Raumgestaltungen sind die Kirche St. Peter (»Alter Peter«) in München (rechte Bildleiste, oben), der Jagdpavillon des Schlosses

Amalienburg im Schlosspark Nymphenburg (rechte Bildleiste, Mitte) und die Eingangshalle im Schloss Nymphenburg (Bildleiste, unten).

Im Alphabet des süddeutschen Barocks existieren zwei Fixpunkte: A wie Asam, Z wie Zimmermann. Genau wie die fast gleichaltrigen Asam-Brüder waren auch die Zimmermann-Brüder, Johann Baptist (1680–1758) und Dominikus (1685–1766), als Maler und Stuckateure ausgebildet und ergänzten sich kongenial.

Dabei konzentrierte sich Dominikus mehr auf das Bauen und Johann Baptist mehr auf das Malen und die Stuckatur. Aus einer Künstlerfamilie aus Wessobrunn (Oberbayern) stammend, ließen sich die beiden nach Lehr- und Wanderjahren später auch in der Gegend nieder, Johann Baptist ab 1727 als Hofstuckateur in München, Dominikus in Landsberg, wo er seit 1749 auch das Amt des Bürgermeisters innehatte. Während Johann Baptist in ungezählten Schlössern und Kirchen Süddeutschlands seine Fresken und Stuckarbeiten hinterließ, entwickelte Dominikus ganz neue Raumlösungen. So gelang ihm als Erstem die Verbindung der Freipfeilerhalle mit einem ovalen Zentralbau. Dadurch, sowie durch die enge Verbindung von Dekoration und Malerei, schuf er ein völlig neues Raumgefühl. Nach einigen Vorläufern verwirklichten die beiden Brüder diese Prinzipien in reiner Form zum ersten Mal in der Wallfahrtskirche in Steinhausen (1727–1733). 1745 schließlich begann die Arbeit an der Wieskirche, die zum absoluten Höhepunkt ihres Schaffens werden sollte. Die Kombination aus Üppigkeit und Leichtigkeit, aus mit Säulen und Durchbrüchen raffiniert gestaffeltem Raum und durchkomponiertem Freskenwerk wurde sofort als »Raumwunder« gerühmt und gilt seither als eines der Prunkstücke des Spätbarocks bzw. des Rokokos überhaupt. Die UNESCO nahm die Kirche 1983 in das Welterbe auf.

Diese Replik des ersten Computers, des Z1 von Konrad Zuse, ist im Deutschen Technikmuseum Berlin-Kreuzberg zu sehen (großes Bild). Die Ausstellung zeigt auch den Z 23 (kleines Bild unten) an einem Arbeitsplatz.

Die beiden bedeutenden deutschen Erfinder Konrad Duden und Konrad Zuse sind als Bronzestatuen in der Stiftsruine Bad Hersfeld verewigt

(kleines Bild rechts; Bild rechts außen: Konrad Zuse im Detail). Der Standort Bad Hersfeld der Zuse KG wurde in den 1970er-Jahren geschlossen.

Konrad Zuse (1910–1995) gilt als Vater des ersten funktionsfähigen Computers weltweit. Der Berliner Ingenieur und Unternehmer stellte seinen Z 3 genannten, frei programmierbaren Rechner mit binärer Gleitkomma-Arithmetik bereits 1941 einem kleinen Expertenkreis vor.

Bei einem Bombenangriff Ende 1943 wurde die erst zwei Jahre zuvor gegründete Firma »Zuse Ingenieurbüro Apparatebau« zerstört – und mit ihr die bahnbrechende Erfindung ihres jungen Eigentümers. Nach dem Krieg tüftelte der aus einem Postbeamtenhaushalt stammende »Bummelstudent« (Maschinenbau, Architektur, Bauingenieurswesen) aber unbeirrt weiter. In Neukirchen gründete er die Zuse AG, mit der er bald nach Bad Hersfeld umzog. Als Erstes ließ er dort das ins Allgäu ausgelagerte Nachfolgemodell der Z3, die Z4, wieder instand setzen – damals der einzige funktionsfähige Computer in Europa. Mit der Z11 begann die Zuse KG Mitte der 1950er-Jahre die Serienfertigung. Bis 1967 stellte das Unternehmen 251 Computermodelle her. Dann wurde die Firma verkauft und der Name ihres Gründers verschwand. Zuse beschäftigte sich in seiner Wahlheimat Hünfeld mit den theoretischen Grundlagen der Computertechnik, war als Berater tätig, schrieb sein Buch »Rechnender Raum« und seine Autobiografie »Der Computer – Mein Lebenswerk«. Zudem widmete er sich verstärkt der Kunst. Seine Ölgemälde, Kreidezeichnungen und Linolschnitte signierte er zeitweise mit dem Pseudonym Kuno See. Ein Großteil des künstlerischen Nachlasses befindet sich heute in der Staatlichen Graphischen Sammlung München. Im Rahmen der documenta 13 waren ebenfalls Bilder von Konrad Zuse zu sehen. Hünfeld gedenkt des Computer-Pioniers und Künstlers mit dem Konrad-Zuse-Museum; sein Standbild steht vor der Stiftsruine.

Aachen 128
Adenauer, Konrad 8, 75, 217
Albertus Magnus 10
Alfeld an der Leine 101
Amsterdam 29, 80, 177
Anklam 160
Antwerpen 71
Arendt, Hannah 12
Arnim, Bettina von 14
Asam, Cosmas Damian und Egid Quirin 16
Aschaffenburg 103, 135
Augsburg 57, 59, 89, 193
August der Starke 20

Bach, Johann Sebastian 22, 31
Bad Cannstatt 60
Bad Hersfeld 68, 245
Bad Münstereifel 196
Bad Staffelstein 182
Bad Wörishofen 77, 142
Barlach, Ernst 24
Barock 17, 19, 21, 109, 185, 243
Basel 187, 195
Baselitz, Georg 26, 133
Bauhaus 100, 137, 183
Bayreuth 163, 230, 234
Beckmann, Max 28, 167
Beethoven, Ludwig van 30
Behaim, Martin 32
Behnisch, Günter 34
Benedikt XVI. 36
Benediktbeuern 17
Benz, Carl 38, 61
Bergen-Belsen 81
Bergheim 96
Berlin 8, 13, 15, 25, 27, 29, 35, 42, 49, 53, 55–57, 62, 65, 73, 74, 79, 80, 84, 87, 97, 110, 115, 124, 126, 144, 146, 159, 161, 166, 170, 174, 189, 190, 203, 210, 216, 222, 225, 227, 229, 239, 244
Bernried 35
Bethel 45
Beuys, Joseph 40, 133
Bielefeld 45
Bismarck, Otto von 42
»Blauer Reiter« 171
Bochum 239
Bodelschwingh, Friedrich von 44
Bodensee 120, 240
Böll, Heinrich 46
Bonhoeffer, Dietrich 48
Bonn 9, 31, 35, 69, 218
Brahms, Johannes 50
Brandt, Willy 8, 52, 74
Braun, Wernher von 54
Braunschweig 29, 91, 107
Brecht, Bertolt 56
Bremen 98, 180
Breslau 195
Bruchsal 185
»Brücke« 134, 189
Brüssel 173

Calw 121
Celle 80
Chemnitz 35
Chicago 13, 178
Clausthal 145
Colmar 65, 101
Cranach, Lukas der Ältere 58

Daimler, Gottlieb 60, 199
Danzig 97
Darmstadt 35, 117, 239
Davos 135
Dessau 58, 100, 156
Detmold 118
Deutschbaselitz 27
Dietrich, Marlene 62
Dinslaken 69
Dix, Otto 64
Dresden 20, 25, 27, 35, 65, 87, 134, 189, 231
Droste-Hülshoff, Annette von 66
Duden, Konrad 68, 244
Duisburg 132
Dürer, Albrecht 70, 103
Düsseldorf 65, 97, 113, 133, 137, 175, 183

Einstein, Albert 72, 115, 197
Eisenach 22
Eisleben 3, 165
Entartete Kunst 25, 65, 135, 171, 181, 189
Erhard, Ludwig 74
Erlangen 107
Essen 69, 150, 151
Expressionismus 29, 65, 135, 153, 170, 181, 182, 188

Fassbinder, Rainer Werner 76
Ferrara 149, 195
Flammersfeld 200
Fontane, Theodor 78
Frank, Anne 80
Frankfurt am Main 12, 15, 26, 29, 35, 41, 43, 46, 71, 81, 92, 219
Frauenkirch-Wildboden 135
Freiburg 11, 13, 37
Friedrich I. Barbarossa 82
Friedrich II., der Große 84
Friedrich, Caspar David 86
Friedrichshafen 240
Friedrichsruh 43
Fugger, Jakob 88

Gabon 220
Gauß, Carl Friedrich 90
Goethe, Johann Wolfgang von 15, 92, 112, 117, 125, 157, 207
Goslar 82
Göteborg 229
Göttingen 43, 91, 99, 113, 115, 145, 197
Grass, Günter 96
Graz 131
Greifswald 87, 196
Grimm, Jacob und Wilhelm 98
Gropius, Walter 100, 137, 179
Grunewald, Matthias 65, 102
Gutenberg, Johannes 104

Hahnemann, Samuel 106
Halle 103, 108, 197
Hamburg 25, 35, 51, 86, 109, 117, 159, 213
Hanau 98
Händel, Georg Friedrich 108
Hannover 109, 155, 217, 223
Hegel, Georg Wilhelm Friedrich 110
Heidelberg 13, 111
Heine, Heinrich 112
Heisenberg, Werner 114
Herder, Johann Gottfried 116
Hermann der Cherusker 118
Hesse, Hermann 120
Hildegard von Bingen 122
Hildesheim 11
Hollenstedt 213
Humboldt, Alexander und Wilhelm von 124

Isenheim 102

Jena 207, 239
Jerusalem 153, 208
Johnson, Lyndon B. 55, 75

Kant, Immanuel 117, 126
Karl der Große 128
Karlsruhe 133, 189
Kassel 40, 99, 139
Kaysersberg an der Weiss 220
Kelheim 139–141
Kennedy, John F. 8, 75, 75
Kepler, Johannes 130
Kiefer, Anselm 132
Kiel 25, 197
Kilchberg 168
Kirchner, Ernst Ludwig 134
Klassizismus 211
Klee, Paul 136, 171
Klein-Luckow 213
Klenze, Leopold von 138, 211
Kneipp, Sebastian 142
Koch, Robert 144

Kochel am See 171
Kollwitz, Käthe 146
Köln 9, 11, 27, 37, 47, 146, 173
Königsberg 126
Kopenhagen 87
Kopernikus, Nikolaus 131, 148
Köthen 107
Krakau 149, 208
Krupp, Alfred 150

Ladenburg 39
Landsberg am Lech 38
Langenbroich 47
Lasker-Schüler, Else 152
Lauingen an der Donau 11
Leibniz, Gottfried Wilhelm 154
Leipzig 93, 106, 115, 155, 159, 174, 218
Lennep 205
Leopold III., Fürst von Anhalt-Dessau 156
Lessing, Gotthold Ephraim 158
Lilienthal, Otto 160
Linz 131
Lissabon 33
London 26, 49, 55, 109, 133, 223, 231
Lübeck 53, 168, 223
Ludwig II. 162, 231
Luther, Martin 3, 164
Luxemburg, Rosa 166
Luzern 142

Madrid 134, 170
Magdeburg 192
Mainz 103, 105
Mann, Thomas 93, 168
Mannheim 207
Marbach am Neckar 48, 206
Marburg 99
Marc, Franz 170
Marl 48
Marx, Karl 172
Meersburg 66
Meiningen 225
Meißen 107
Mendelssohn-Bartholdy, Felix 174, 231
Merian, Maria Sibylla 176
Merseburg 192
Mies van der Rohe, Ludwig 101, 178
Milan 133
Modersohn-Becker, Paula 180
Montagnola 121
Moritzburg 135
Moskau 9, 91, 172
Mühlhausen 23
München 17, 28, 34, 35, 37, 41, 57, 77, 115, 135, 138, 161, 171, 182, 189, 197, 203, 214, 222, 242
Münter, Gabriele 171, 182
Murnau 182

Neumann, Balthasar 184
Neuruppin 78
New York 13, 27, 137, 213, 241
Nietzsche, Friedrich 186
Nolde, Emil 135, 188
Nürnberg 33, 71

Ossietzky, Carl von 190
Otto I., der Große 192

Paracelsus 194
Paris 11, 25, 26, 35, 52, 64, 107, 113, 125, 155, 171, 173, 189, 229
Planck, Max 196
Porsche, Ferdinand 198
Potsdam 72, 85, 211
Prag 131, 203, 229

Raiffeisen, Friedrich Wilhelm 200
Regensburg 11, 131, 139
Remscheid 204
Renaissance 14, 44, 59, 65, 71, 103
Riga 116
Rilke, Rainer Maria 202
Röcken 187
Rokoko 17, 235, 243
Rom 17, 36, 83, 89, 125
Romantik 14, 31, 67, 87, 117, 225
Ronda 202
Röntgen, Wilhelm Conrad 204
Rüdesheim-Eibingen 123

Salzburg 194, 224
Schiller, Friedrich von 117, 125, 206
Schindler, Oskar 208
Schinkel, Karl Friedrich 210
Schloss Bodelschwingh 44
Schloss Herrenchiemsee 163
Schloss Linderhof 163
Schloss Neuschwanstein 162
Schloss Rheinsberg 228
Schloss Versailles 42
Schloss Wiepersdorf 14
Schloss Wörlitz 157
Schmeling, Max 212
Scholl, Sophie und Hans 214
Schorndorf 61
Schumacher, Kurt 216
Schumann, Clara 218
Schweitzer, Albert 220
Secession 65, 137, 147, 189
Seebüll 188
Siemens, Werner von 222
St. Petersburg 139
Steinau 99
Steinhausen 243
Stephansried 143
Straßburg 11, 104, 117, 154, 205
Strauss, Richard 224
Stresemann, Gustav 226
Stuttgart 35, 61, 64, 111, 135, 179, 199, 217, 239

Tecklenburg 45
Tessin 120, 137
Thorn 149
Torgau 58
Trier 173
Tübingen 49, 110, 121, 131
Tucholsky, Kurt 191, 228

Ulm 75, 111, 131, 215

Vladslo 147

Wagner, Richard 163, 230
Walther von der Vogelweide 232
Washington, D.C. 106, 133
Wedel 25
»Weiße Rose« 214
Weimar 23, 29 59, 92–95, 116, 117, 186, 187, 206, 239
Weltenburg 16, 18
Wesel 69
Wessobrunn 243
Weyerbusch 201
Wien 31, 50, 58, 71, 107, 158, 199, 200, 224
Wiesbaden 136
Wilhelmine von Bayreuth 234
Wittenberg 58, 165
Wolfenbüttel 158
Wolfram von Eschenbach 236
Worpswede 181, 203
Wuppertal 152
Würzburg 185, 205, 231, 233

Zeiss, Carl 238
Zeppelin, Ferdinand Graf von 240
Zimmermann, Dominikus und Johann Baptist 242
Zürich 27, 167, 169, 205
Zuse, Konrad 244

Bildnachweis

Abkürzungen:

A = Alamy; C = Corbis; G = Getty;
L = Laif; M = Mauritius

Cover:
Vorderseite: G/Imagno (großes Bild); G/UniversalImagesGroup, G/De Agostini, G/Stocktrek Images (kleine Bilder); Rückseite: H. & D. Zielske

S. 2/3 H. & D. Zielske, S. 4/5 H. & D. Zielske, S. 6/7 H. & D. Zielske, S. 8/9 L/ARCHIVIO/A3/CONTRASTO, S. 9 M/dieKleinert, S. 9 G/Hartmut Schmidt, S. 9 M/Alamy, S. 9 L/Jürgen Bindrim, S. 10/11 G/G. Dagli Orti, S. 11 G/New York Public Library, S. 11 M/Michael Jänecke, S. 11 M/Science Source, S. 12 G/New York Times Co., S. 12 L/Piero Oliosi/Polaris, S. 12/13 G/Fred Stein Archive, S. 13 G/Library of Congress, S. 13 G/Fred Stein Archive, S. 14 H. & D. Zielske, S. 14/15 H. & D. Zielske, S. 15 L/Scherl/SZ Photo, S. 16/17 H. & D. Zielske, S. 17 H. & D. Zielske, S. 18/19 H. & D. Zielske, S. 20/21 M/age fotostock, S. 21 G/Eye Ubiquitous, S. 22/23 H. & D. Zielske, S. 23 H. & D. Zielske, S. 23 H. & D. Zielske, S. 23 M/Science Source, S. 23 M/SuperStock, S. 24/25 M/H.-D. Falkenstein, S. 25 M/Thomas Born, S. 25 M/Alamy, S. 25 M/Alamy, S. 25 M/Alamy, S. 26 L/Andrew Testa/NYT/Redux, S. 26 L/Sylvain Grandadam, S. 26/27 L/Marmara/Le Figaro, S. 27 M/Alamy, S. 27 G/Hans-Georg Roth, S. 28/29 M/Steve Vidler, S. 29 M/SuperStock, S. 29 M/Alamy, S. 29 M/SuperStock, S. 30 G/KFS, S. 30 Look/Ingolf Pompe, S. 31 M/dieKleinert, S. 31 G/Claudio Salas, S. 32 G/Dea Picture Library, S. 32/33 G/A. Dagli Orti, S. 33 M/Science Faction, S. 34/35 Look/Florian Werner, S. 35 L/Regina Schmeken, S. 35 M/Ingo Boelter, S. 35 H. & D. Zielske, S. 36/37 M/Raimund Kutter, S. 37 M/Daniel Schoenen, S. 37 G/Mondadori Portfolio, S. 37 G/Christopher Furlong, S. 38 M/Wolfgang Filser, S. 38 M/Alamy, S. 38/39 M/Alamy, S. 39 M/United Archives, S. 39 M/Jörn Friederich, S. 40/41 M/Alamy, S. 41 M/Alamy, S. 41 M/dieKleinert, S. 41 H. & D. Zielske, S. 41 M/Alamy, S. 42/43 Look/travelstock44, S. 43 M/United Archives, S. 43 Look/TerraVista, S. 43 G/Imagno, S. 43 M/Alamy, S. 44/45 M/Manfred Mehlig, S. 45 L/Scherl, S. 46/47 L/Isolde Ohlbaum, S. 47 G/Bettmann, S. 47 L/Guenay Ulutuncok, S. 47 G/Sahm Doherty, S. 47 G/De Agostini Picture Library, S. 48/49 M/Michael Weber, S. 49 G/Authenticated News, S. 49 M/Alamy, S. 49 M/Alamy, S. 49 G/Authenticated News, S. 50/51 G/Barbara Optiz/Bildarchiv-Monheim/ArcaidImages, S. 51 G/Jason Langley, S. 51 G/A. Dagli Orti, S. 51 G/De Agostini Picture Library, S. 52/53 M/Alamy, S. 53 L/Fondation Gilles CARON, S. 53 M/Egon Bömsch, S. 53 M/Alamy, S. 53 L/CONTRAST, S. 54/55 G/NASA - digital version copyright Science Faction, S. 55 G/Bachrach, S. 55 M/United Archives, S. 55 M/Alamy, S. 56/57 H. & D. Zielske, S. 57 G/Bettmann, S. 57 L/Sara Krulwich, S. 57 G/Fred Stein Archive, S. 57 M/Alamy, S. 57 L/David Baltzer/Zenit, S. 58 M/Alamy, S. 58/59 G/G. Nimatallah, S. 59 G/A. Dagli Orti, S. 60/61 M/Werner Dieterich, S. 61 M/SMART RM, S. 61 G/Imagno, S. 61 G/Hulton Archive, S. 62/63 M/Alamy, S. 63 M/Screen Prod, S. 63 M/Alamy, S. 63 M/Jürgen Henkelmann, S. 64 M/SuperStock, S. 64 M/Alamy, S. 64/65 M/United Archives, S. 65 M/Alamy, S. 66 M/Christian Hütter, S. 66 M/Stefan Ziese, S. 66/67 H. & D. Zielske, S. 67 G/DEA PICTURE LIBRARY, S. 68 M/Markus Redmann, S. 69 M/Andrea Marka, S. 69 M/Birgit Gierth, S. 70 G/benedek, S. 70 G/Imagno, S. 70/71 M/Helmut Meyer zur Capellen, S. 71 G/Hannelore Foerster, S. 71 G/Leemage, S. 71 M/SuperStock, S. 72 M/Simon Belcher, S. 72/73 M/Thomas Robbin, S. 73 M/United Archives, S. 74 G/Keystone, S. 74 M/United Archives, S. 74/75 M/United Archives, S. 75 G/Michael Rougier, S. 75 G/Stan Wayman, S. 75 G/Popperfoto, S. 76/77 M/Alamy, S. 77 G/John Springer Collection, S. 77 M/United Archives, S. 77 M/Screen Prod, S. 77 M/dieKleinert, S. 78 Look/Ulf Böttcher, S. 78 Look/Ulf Böttcher, S. 78/79 H. & D. Zielske, S. 79 G/De Agostini Picture Library, S. 80 Look/age fotostock, S. 80 G/Busa Photography, S. 80 Look/age fotostock, S. 80/81 M/Walter Bibikow, S. 81 M/dieKleinert, S. 82/83 M/GTW, S. 83 Look/Tina und Horst Herzig, S. 84 G/Imagno, S. 84 M/Alamy, S. 84/85 G/Giorgio Fochesato, S. 85 G/John Parrot/Stocktrek Images, S. 86/87 M/SuperStock, S. 87 M/SuperStock, S. 87 M/SuperStock, S. 87 G/German School, S. 87 M/Alamy, S. 88/89 M/Raimund Kutter, S. 89 M/Cash, S. 89 M/United Archives, S. 89 M Raimund Kutter, S. 89 M/Raimund Kutter, S. 90/91 Look/Karl Johaentges, S. 91 M/SuperStock, S. 92/93 H. & D. Zielske, S. 93 M/SuperStock, S. 93 Look/Ulf Böttcher, S. 93 H. & D. Zielske, S. 93 Look/Ulf Böttcher, S. 93 M/SuperStock, S. 94/95 H. & D. Zielske, S. 96 M/Alamy, S. 96/97 G/Tobias Schwarz, S. 97 G/Andreas Rentz, S. 98/99 M/Westend61, S. 99 G/Bettmann, S. 99 H. & D. Zielske, S. 100/101 M/Alamy, S. 101 M/Jürgen Henkelmann, S. 101 G/Oscar White, S. 101 M/Ingo Kuzia, S. 101 M/Thomas Robbin, S. 101 M/Alamy, S. 102/103 G/Heritage Images, S. 103 M/Alamy, S. 104/105 M/Alamy, S. 105 M/Science Source, S. 105 Look/Sabine Lubenow, S. 105 M/Science Source, S. 105 Look/age fotostock, S. 106/107 M/Manfred Mehlig, S. 107 G/Bettmann, S. 107 M/Alamy, S. 108/109 H. & D. Zielske, S. 109 G/A. Dagli Orti, S. 109 H. & D. Zielske, S. 110 M/Silwen Randebrock, S. 110/111 M/Silwen Randebrock, S. 111 M/Alamy, S. 112 M/Bildarchiv-Monheim/Alamy, S. 112/113 M/Radius Images, S. 113 M/Alamy, S. 113 G/Joachim Hiltmann, S. 113 M/Alamy, S. 114 G/Express Newspapers, S. 114/115 M/Science Photo Library, S. 115 M/Science Source, S. 116 M/hwo, S. 116/117 M/Frank Sommariva, S. 117 M/Alamy, S. 118 M/United Archives, S. 118/119 M/Alamy, S. 119 M/Alamy, S. 120 M/Travel Collection, S. 120 Look/Thomas Stankiewicz, S. 120/121 Look/Travel Collection, S. 121 M/dieKleinert, S. 122 G/Heritage Images, S. 122/123 M/Udo Siebig, S. 123 M/United Archives, S. 124/125 M/imagebroker, S. 125 M/United Archives, S. 125 G/DEA PICTURE LIBRARY, S. 125 M/United Archives, S. 125 G/G. Dagli Orti, S. 126 M/Alamy, S. 126 M/Alamy, S. 126/127 M/hwo, S. 127 G/Culture Club, S. 128 Look/Daniel Schoenen, S. 128/129 H. & D. Zielske, S. 129 C/Ali Meyer, S. 129 H. & D. Zielske, S. 129 H. & D. Zielske, S. 130/131 G/Bettmann, S. 131 G/UniversalImagesGroup, S. 131 M/Science Source, S. 131 G/Universal History Archive, S. 131 G/Universal History Archive, S. 132/133 M/age fotostock, S. 133 G/FANTHOMME Hubert, S. 133 M/age fotostock, S. 133 G/Zak Hussein, S. 133 M/Alamy, S. 133 M/Alamy, S. 134 G/Fine Art, S. 134/135 Look/Saga-Photo, S. 135 M/United Archives, S. 135 M/SuperStock, S. 135 M/SuperStock, S. 135 M/Steve Vidler, S. 136/137 M/SuperStock, S. 137 M/United Archives, S. 137 G/Culture Club, S. 137 G/Paul Klee, S. 137 M/SuperStock, S. 138 M/Udo Siebig, S. 138 M/Sarah Peters, S. 138/139 Look/Andreas Strauß, S. 139 Wikipedia Commons/Franz Hanfstaengl, S. 140 M/Westend61, S. 140/141 M/CuboImages, S. 142/143 M/Martin Siepmann, S. 143 M/Alamy, S. 143 M/Holger W. Giese, S. 143 M/Prisma, S. 143 M/Alamy, S. 144/145 M/Norbert Michalke, S. 145 M/Science Faction, S. 145 G/UniversalImagesGroup, S. 145 M/age fotostock, S. 145 G/Print Collector, S. 146 M/Bildarchiv-Monheim/Alamy, S. 146 M/United Archives, S. 146/147 M/Karl F. Schöfmann, S. 147 M/Alamy, S. 147 G/Bettmann, S. 147 M/age fotostock, S. 148/149 G/NYPL/Science Source, S. 149 G/Bettmann, S. 149 G/Westend61, S. 149 G/Pomeranian School, S. 150/151 M/Stefan Ziese, S. 151 M/Karl F. Schöfmann, S. 151 M/Alamy, S. 151 Look/Jörn Sackermann, S. 151 M/Alamy, S. 152 M/Alamy, S. 152/153 L/Theodor Barth, S. 153 L/Archivio GBB/CONTRASTO, S. 154 Look/Saga-Photo, S. 154/155 M/KFS, S. 155 G/Culture Club, S. 156 M/Alamy, S. 156/157 M/Jochen Tack, S. 157 M/Alamy, S. 157 Look/Heinz Wohner, S. 158/159 H. & D. Zielske, S. 159 Look/Karl Johaentges, S. 159 M/H.-D. Falkenstein, S. 159 G/De Agostini Picture Library, S. 159 M/Michael Szönyi, S. 160/161 M/Alamy, S. 161 M/Alamy, S. 161 M/United Archives, S. 161 M/Alamy, S. 161 M/Alamy, S. 161 M/United Archives, S. 162/163 G/Achim Thomae, S. 163 M/United Archives, S. 163 C/Adam Woolfitt, S. 163 Look/Ulli Seer, S. 163 M/Alamy, S. 164/165 H. & D. Zielske, S. 165 H. & D. Zielske, S. 165 M/Alamy, S. 165 M/Alamy, S. 165 M/Sabine Lubenow, S. 165 Look/age fotostock, S. 166 M/Jürgen Henkelmann, S. 166/167 M/Alamy, S. 167 M/United Archives, S. 168/169 H. & D. Zielske, S. 169 G/Culture Club, S. 170/171 G/Universal History Archive, S. 171 M/SuperStock, S. 171 G/UniversalImagesGroup, S. 171 G/Fine Art, S. 171 M/Michael Nitzschke, S. 171 G/DEA PICTURE LIBRARY, S. 172 M/Alamy, S. 172 G/C. Sappa, S. 172 G/Dean Conger, S. 172/173 G/Adam Berry, S. 173 G/Bettmann, S. 174 H. & D. Zielske, S. 174/175 H. & D. Zielske, S. 175 G/A. Dagli Orti, S. 175 M/Alamy, S. 175 H. & D. Zielske, S. 176/177 G/Fine Art, S. 177 M/Alamy, S. 177 M/Alamy, S. 177 M/United Archives, S. 177 M/Alamy, S. 178 G/Santi Visalli, S. 178/179 M/Jürgen Henkelmann, S. 179 G/Bettmann, S. 180 M/Alamy, S. 180 M/United Archives, S. 180 M/Alamy, S. 180/181 M/Alamy, S. 181 M/Alamy, S. 182/183 M/SuperStock, S. 183 M/Alamy, S. 183 M/Udo Siebig, S. 183 G/Photo 12, S. 183 M/Alamy, S. 184 H. & D. Zielske, S. 184/185 H. & D. Zielske, S. 185 Look/Don Fuchs, S. 185 Look/Don Fuchs, S. 185 C/Adam Woolfitt, S. 185 M/United Archives, S. 186 H. & D. Zielske, S. 186/187 H. & D. Zielske, S. 187 G/Culture Club, S. 188/189 M/Alamy, S. 189 M/SuperStock, S. 189 M/Alamy, S. 189 M/SuperStock, S. 189 M/Alamy, S. 190/191 M/Alamy, S. 191 G/Keystone-France, S. 191 M/Alamy, S. 192 M/Alamy, S. 192/193 M/Heiner Heine, S. 193 M/Helmut Meyer zur Capellen, S. 194 M/Wolfgang Filser, S. 195 G/Bettmann, S. 195 G/Leemage, S. 196/197 G/Adam Berry, S. 197 M/United Archives, S. 197 M/Alamy, S. 197 M/Wolfgang Filser, S. 197 M/Norbert Michalke, S. 197 M/Thomas Frey, S. 198 Look/Ingolf Pompe, S. 198 G/Bloomberg, S. 198 M/Alamy, S. 198/199 Look/Travel Collection, S. 199 G/Heritage Images, S. 200 G/Werner Otto, S. 200/201 M/Alamy, S. 201 M/Alamy, S. 202 G/Imagno, S. 202/203 G/Quadriga Images, S. 203 G/Apic, S. 204 M/KFS, S. 204/205 G/ZEPHYR/SCIENCE PHOTO LIBRARY, S. 205 M/BSIP, S. 205 M/Science Source, S. 205 M/Heinz Schmidbauer, S. 206 H. & D. Zielske, S. 206 H. & D. Zielske, S. 206/207 H. & D. Zielske, S. 207 G/De Agostini Picture Library, S. 208 M/United Archives, S. 208 M/Alamy, S. 208/209 G/Walter Bibikow, S. 209 M/Alamy, S. 210 M/Folio Images RF, S. 210/211 Look/Karl Johaentges, S. 211 M/Alamy, S. 211 G/Heritage Images, S. 211 M/Alamy, S. 212/213 M/United Archives, S. 213 M/Nora Frei, S. 213 G/Martin Mills, S. 213 G/Bettmann, S. 213 M/Alamy, S. 214 M/Jan Richter, S. 214/215 G/Ulrich Baumgarten, S. 215 M/age fotostock, S. 215 M/Martin Siepmann, S. 216/217 M/Siegfried Grassegger, S. 217 G/De Agostini Picture Library, S. 218/219 M/age fotostock, S. 219 M/Heinz-Dieter Falkenstein, S. 219 M/United Archives, S. 220 G/Rolls Press/Popperfoto, S. 220/221 M/Alamy, S. 221 M/age fotostock, S. 222/223 M/Ingo Kuzia, S. 223 M/ROSENFELD, S. 223 M/Steve Vidler, S. 223 G/Bloomberg, S. 223 M/ROSENFELD, S. 223 G/Ipsumpix, S. 224 G/AFP, S. 224/225 G/Imagno, S. 225 M/United Archives, S. 225 G/Bettmann, S. 226/227 M/Alamy, S. 227 G/Hulton Archive, S. 227 M/United Archives, S. 227 G/Keystone-France, S. 227 G/Culture Club, S. 228 M/SuperStock, S. 228/229 H. & D. Zielske, S. 229 M/dieKleinert, S. 230 C/adoc-photos, S. 230/231 H. & D. Zielske, S. 231 G/A. Dagli Orti, S. 231 H. & D. Zielske, S. 232 M/H.-D. Falkenstein, S. 232/233 M/Martin Siepmann, S. 233 M/Christian Vorhofer, S. 234 M/Martin Siepmann, S. 234/235 H. & D. Zielske, S. 235 M/Helmut Meyer zur Capellen, S. 236 M/Martin Siepmann, S. 236/237 Look/Thomas Stankiewicz, S. 237 M/Bildverlag Bahnmüller, S. 237 M/H.-D. Falkenstein, S. 238/239 M/Haag + Kropp, S. 239 M/Alamy, S. 239 M/Alamy, S. 239 M/Thomas Robbin, S. 239 M/Alamy, S. 239 M/United Archives, S. 240/241 G/David H. Wells, S. 241 M/T Vintage, S. 241 G/John Parrot/Stocktrek Images, S. 241 G/Leemage, S. 241 M/Martin Siepmann, S. 241 M/Thomas Frey, S. 242/243 M/Markus Keller, S. 243 H. & D. Zielske, S. 243 L/Christian Kerber, S. 243 M/Manfred Bail, S. 243 M/Egon Bömsch, S. 244 M/Peter Enzinger, S. 244/245 M/Alamy, S. 245 M/Imagebroker, S. 245 M/Birgit Gierth.

Impressum

© 2017 Kunth Verlag GmbH & Co. KG, München
Königinstraße 11
80539 München
Telefon +49.89.45 80 20-0
Fax +49.89.45 80 20-21
www.kunth-verlag.de
info@kunth-verlag.de

Text: Martin Rasper, Maria Guntermann, Rita Henss

Alle Fakten wurden nach bestem Wissen und Gewissen mit der größtmöglichen Sorgfalt recherchiert. Redaktion und Verlag können jedoch für die absolute Richtigkeit und Vollständigkeit der Angaben keine Gewähr leisten. Der Verlag ist für alle Hinweise und Verbesserungsvorschläge jederzeit dankbar.

Printed in Slovakia